JN440016

내 삶이 머물던 곳

내 삶이 머물던 곳

초판 1쇄 인쇄 | 2022년 9월 19일
지은이 | 이완행
펴낸이 | 이재욱(필명:이승훈)
펴낸곳 | 해드림출판사
주　소 | 서울 영등포구 경인로82길 3-4(문래동1가 39)
센터플러스빌딩 1004호(우편07371)
전 화 | 02-2612-5552
팩 스 | 02-2688-5568
E-mail | jlee5059@hanmail.net

등록번호　제2013-000076
등록일자　2008년 9월 29일

ISBN　979-11-5634-515-2

내 삶이 머물던 곳

이완행 에세이

해드림출판사

작가의 말

인생은
이 세상을
하룻밤 꿈처럼 스쳐 지나가지만
뜨거운 심장이 있어
잠시 머무는 곳마다
많은 흔적을 남긴다.

또한, 흐르는 세월 가운데
망각이 존재해
아름다운 그림자
혹은 뜨거운 눈물들의 무거운 짐을 지고도
삶을 영위해간다.

세월 속을 잠긴
내 삶의 그림자를 잊지 않으려
소박하고 간소하게
내 인생의 몇 토막을
이 책에 담아 보았다.

2022년 8월

저자 이완행

추천사

흙덩이가 그릇이 되듯

석정희

이완행 선생님께서 그동안 써 온 수필과 시편을 모아 한 권의 문집으로 엮어낸다는 소식을 듣고 반가움으로 이 글을 쓰게 된다.

이완행 선생님의 글에서 '그해 겨울'이 눈에 꽂힌다.

춥고 슬펐던 '그해 겨울' 38년을 보내며 길고도 먼 어려운 여정을 지나면서 삭이며 녹여 온 아픔들이 가족을 향한 애틋함으로 승화되는 순간이다.

쓰라린 아픔과 고통을 지니고 있음에도 결코 충혈된 눈으로 사물을 보지 않고 자신의 존재를 내면으로 살피고 있다.

고집이 없이 녹로(물레) 위의 흙덩이가 되어 주인의 뜻과 손길에 따라 빚어지는 하나의 그릇으로 남기를 원하는 것으로 나타내고 있다.

우리는 여러 가지 슬픔과 고통이 따르고 또한, 기쁨과 행복이 기다리고 있지 않은가.

사소한 일에 목을 매며 부딪히고 다투며 살아가는 동안에 탈출구를 찾으며 터득하는 일들도 많다.

삶의 슬픔과 기쁨 그리고 고통과 평안을 묘사한 이완행 선생님의 글에서 많은 감명을 받았다.

모쪼록 스스로 다짐하는 모든 일이 뜻과 바람대로 모든 이들에게 끼쳐져 삶의 평안과 기쁨을 누리시길 바라게 된다.

석정희 시인

- Skokie Creative Writer Association 영시 등단
- '창조문학' 시 등단, 한국문협 및 국제펜한국본부 회원
- 재미시협 부회장 및 편집국장과 미주문협 편집국장 역임
- 대한민국문학대상 수상, 세계시인대회 고려문학 본상 외
- 시집: [문 앞에서] [나 그리고 너] [엄마되어 엄마에게]
- [아버지 집은 따뜻했네] 영시집 [The River] 가곡집 [사랑 나그네] 외

차례

2.

3.

4.

1

작은 뜰

우선 들깻잎이 야무지게 피어오르고 사이사이 머위 잎도 질세라 넓죽한 그늘로 뜰을 차지하고 있다.

서쪽으로 나 있는 창문에 그늘을 만들고자 심어놓은 포도 넝쿨은 어느새 한여름도 버틸 정도로 갈퀴 같은 손으로 이쪽저쪽 줄을 잡고 얼키설키 열매 맺을 준비가 한창이다.

미나리 한뿌리가 간신히 화분 하나를 잡아 올라타더니 이놈이 생명줄이 긴 것인지 아니면 번식력이

강한 것인지, 화분이 넘치도록 새파란 향기를 뿜어대니 집주인 눈에 들었나 보다.

요즈음은 이것저것 챙겨주며 정성을 기울인다. 너무나 강한 번식력에 겁이 나서 작년 가을 확 잘라버린 선인장도 어느새 주인 몰래 몸무게를 잔뜩 부풀렸다.

또 한 번 집주인 눈치를 봐야 하는 지경이다. 아마도 다음 주에는 선인장에 가혹한 가위질이 또 한 번 가해질 것 같다.

아내의 간곡한 만류에도 집주인의 매정함이 작은 뜰에서는 악마인가 싶다.

그래도 매번 흡족하게 목마름을 해결해 주는 것은, 매정한 집주인이다. 약 주고 병 주기인가. 심심하면 가위 들고 위협하니 작은 뜰에 살기가 힘들고 억울하기도 하단다.

더욱 자기들과 차별하는 머위와 들깨에 부러움과 시기심을 부려보지만 작은 뜰에서의 삶은 한 길밖에 없다.

무한 질주이다. 집주인이 농촌 출신이라 요긴하게 뿌려주는 비료 덕분에 그나마 버티고 있고 인정사정 없기에 집주인 바쁜 일정 틈타 잔뜩 몸무게를 늘릴 수밖에 없는 노릇이다.

주말만 버티어 내면 울창한 숲으로 한번 만들어 주인을 기쁘게 할 텐데 늘 주말이 문제이다. 오늘도 목마름을 해결해서 좋다만 여지없이 가위가 또 한 번 선인장의 생사를 가름한다.

들깨나 머위는 제쳐놓고 애매한 선인장 포도 넝쿨이다.

요즘은 빨갛게 피어오른 난 아가씨의 향기와 매력에 집주인의 화단 출입이 잦아져 옆에서 성가실 정도로 세력을 키우던 잡풀들이 깨끗하게 치워졌고, 덕분에 말끔하게 단장된 작은 뜰 얼굴 덕분에 살벌한 가위질이 한 2주 정도 멈추어졌다.

어디서 얻어왔는지 새 식구가 들어왔다. 멕시칸 고추 두 나무가 새빨간 난 아가씨 옆으로 이사 들어왔다. 그 앞으로 미나리 화분도 자리 옮김을 했다. 아마 오랫동안 있던 자리가 식상한 모양이다.

얼마나 먹겠다고 달랑 고추 두 개만 심어놓았는지 알 수는 없지만, 집주인은 욕심도 없는 모양이다.

작은 뜰에서 참으로 소란스럽다. 집주인 눈치 보면서 살아간다는 것이 얼마나 참담한 건지 눈물로 하소연해 보지만, 새빨간 난 아가씨, 새로 들어온 고추 아저씨, 들깨 잎새, 새파란 미나리들은 멋쩍은지 새초롬하니 군말이 없다. 제일 귀염 받는 머위조차 이사 다니기가 벅차다며 군소리다. 성질 급한 집주인이 새끼를 빨리 번식하지 않는다며 이리저리 이사하는 바람에 정든 이웃이 없다고. 작은 뜰 안에 무슨 행복이 숨어 있길래 이리도 주말마다 찾아드는지.

어머님의 부재

시간은 계절을 밀어내고 끌어오면서 인간과 세상을 바꿔 나갔다.

더러는 망각의 흰 천을 머리에 두르기도 하고 몸에 휘감는 옷가지들의 색깔을 지배하기도 하면서 그런 따뜻한 봄날이라고 하기가 아까운 싱그럽고 아름다운 오월의 어느 일요일, 어머님 옷이다.

난데없이 소리치는 아내의 고함에 뭔 소린가 하고 보니 가지런히 개어 있는 어머님 속옷을 손에 들고 연신 쓰다듬고 냄새를 맡고 있다.

덩달아 내 손도 얹어보니 정말 어머님이 손끝에서 맴돈다. 아니 코끝에도 매달려온다. 참 신기하다. 어린 시절 동네에 초상이 나면 죽은 자의 옷가지들을 지게에 지고 동구 밖으로 나와 모두 태웠었다.

어린 마음에 더럽고 꼭 귀신이 붙어 있는 듯하여 태운 재까지 더 태웠었다.

그런데 꼭 어머님 살결 같다. 냄새까지…. 어머님은 누님네와 우리 집을 왕래하시면서 살다 한국으로 귀국한 지 삼 개월 만에 돌아가셨다.

몸이 불편한 관계로 우리 집에 오시면 아내가, 누님 집에서는 누님이 목욕을 시켜드렸다.

당연히 우리 집에도 갈아입을 옷이 필요하니 여벌을 두고 살다 가셨는데 돌아가신 지 일 년이 넘도록 잊고 있다가 옷장을 정리하다 발견하게 된 것이다.

더럽다던가 귀신같은 것은 간데없고, 뭉클하니 어머님이 느껴진다. 아내 역시 연신 어머님의 냄새를 손끝으로 찾아 헤맨다.

사진과는 다른 특별한 뭔가가 가슴으로 지나간다.

늘 곁에 모셔놓은 사진에서 느끼지 못하던 냄새와 손끝을 스치는 정이 아닐까 싶다.

그리움이 어둠 저편 별들의 세계에 계신 어머님께 미치지는 못할지언정 내 마음에 일고 있는 작은 물결이 밀고 밀어내면 혹시나 꿈에서나마 뵙게 될까 싶어 내복에서 손을 떼지 못했다.

그것도 어버이날이 다가오는 시점에서 찾아든 어머님의 정이 반갑고 가슴 한편이 시려 눈가에 그리움이 흘러내린다.

부재의 그리움……

하지의 하루

계절의 여왕, 싱그러움이 산과 들에 넘실대는 오월 중순부터 실록이 무르익어가고 작열하는 태양열은 농부들의 꿈을 현실로 만들어가고 있다.

또한, 실록의 그늘을 통과한 실바람은 농부들이 흘린 땀을 식힌다. 유월 하순까지 도시에서의 하루는 계절과 무관하게 시간에 맞추어 돌아가지만, 농촌에서는 끊어질 듯 아픈 허리로 해를 밀어 넘기는 시간이다.

또한, 부뚜막의 부지깽이도 춤을 춰야만 하는 시기이다. 농토가 작은 집은 비교적 부유한 집으로 이 시기에 날품을 팔아 살림을 꾸려갔고 다행히 기계는 존재하지 않았고 손은 젊었었다.

젊은 손들이 바삐 움직이면 하지의 긴 하루 동안 논 한 마지기 이백 평에 푸른 색깔을 입힐 수 있었다. 그런 길고 긴 하지에 날품이 내게도 있었다.

입대 전 꺼끌꺼끌하던 보리 터럭을 뒤집어쓰고 온몸은 뜨거운 태양 볕에 타들어 가던 고향의 농부 시절 긴 하지의 하루도 부족하여 장마가 오기 전에 끝내야 했던 보리타작을 밤새 하느라 꿈도 희망도 잃고, 농사일에 열중했었던 농부의 마음이 내게도 있었다.

또한, 조그만 행복도 가슴에 스며들던 고향의 농부 시절 아침 일찍 삽 한 자루 어깨에 메고 논 한 바퀴 돌아보면 맑은 이슬방울 매달려 반갑게 맞아주던 싱그러운 파란 모 잎새의 청초함을 잊을 수가 없다.

또한, 논두렁 연초록 콩잎, 풋풋함은 한층 풍요로움을 더해줘 농부의 가슴에 더 이상의 행복이 없는 듯 한없이 바라보게 하였다.

하지 때 하루는 징글징글하게도 느긋하게도 길다. 장마가 오기 전 가끔은 가뭄으로 이모작의 논들을 하얗게 태우기도 한다.

그럴 때면 늘 저녁노을도 새빨갛게 서산을 물들여 어머님의 하지는 길고도 길게 만들었고 자식들의 학교에 들어가는 돈 또는 농약을 사야 하는 돈 등…….

농사를 지어 수확한 알곡들을 시장에 팔아야 현찰을 손에 쥘 수 있었던 농부들의 시기, 우리는 농토가 얼마 되지 않기에 품을 팔아 현찰을 만드셨던 아버님, 일 나가신 아버님을 기다리시던 하지의 해가 어머님한테는 징그럽게도 긴 하루였다.

게으른 농부의 하지 해는 느긋하게 낮잠을 한숨 자고 나도 해는 넘어갈 줄 모르는 듯 서산에서 한 발도 움직이지 않는 듯 넘어가지 않는다.

하지가 눈앞에 다가서면서 지녁 늦게까지 햇빛을 품고 있다.

붉게 물든 저녁노을, 고향 집 마루에서 먹던 저녁상의 호박 수제비 한 그릇이 나의 하지에 찾아온 그리움의 향수이다.

한 남자

남자든 여자든 인간은 사랑도 행복도 명예도 얻고 살아가기 위해 몸부림치면서 세상을 살아가야 한다.

명예야 운명이 가미되어야 얻지만, 사랑과 행복은 얻고자 노력하면 스며든다. 그러나 잡으려고 하면 더욱 멀리 도망가는 것이 세상의 진리다.

그분은 노력하려는 의지가 없었다.

아마 가족은 그분이 요행을 잡으려는 욕심으로 그렇게 되었다면 장례식마저 사치라고 하지 않았을 것이다.

어쩌면 한 마리의 수사자처럼……

야생의 수사자처럼 이 세상에 이별을 남기고 우연인지 아니면 가족에게 진심을 죽음으로 대신하는지 모르겠지만, 연고가 없는 한적한 시골길에서 트럭에 치여 삶을 마감했다.

전쟁의 고아로 일용직 날품팔이로 더러는 회사원으로 그 시대에 겪을 수밖에 없었던 삶이 쉽지 않았겠지만 많은 이들은 같은 환경일지라도 값진 삶을 얻고, 현재를 누리며 살아간다.

주변의 행복한 사람들, 성공했다는 사람들은 주변의 대접에 자랑스러워했고 입에 발린 칭찬도 많이 들었다.

반면 배우지 못하고 저소득층으로 사는 것을 부끄럽게 여겨 가족에게 자존심을 세우며 가정의 행복을 무너뜨렸고 사랑도 멀리 도망가게 하였다.

단지 하나, 인생의 닮은 점은 그 남자도 죽음 앞에서는 평등하다는 것이다.

또 하나는 인생의 끝 지점을 불행하게 떠난 그는

가족에게 죽음과 바꾼 위로금을 남겼지만, 어쩌면 세상에서 가족에게 지은 죄보다 남에게 더 크게 죄를 지으면서 삶을 마감했다고 볼 수밖에 없다.

교통사고로 가해자의 인생에 큰 변환점이 있었을 것이다.

삶과 죽음의 갈림길에서는 생판 모르는 가족에게 큰 상처를 안겨주는 삶을 살다가 간 84세, 한 남자의 영정 앞에서 울부짖는 가족의 한이 서린 분노를 듣기라도 했을까? 가해자의 애타는 가슴을 조금은 위로라도 해주고 떠났을까?

화장으로 하얗게 변해버린 몇 조각 뼈를 보면서 무엇을 위하는 삶을 살았는지 아니면 태어났으니 그냥 살다가 간 것인지 묻고 싶었다.

안타까운 심정이 교차하면서 삼 일간의 장례를 마치고 나의 인생을 돌아보면서 나는 어떤 사랑을 얻기 위해 살아가는지, 진실한 사랑을 해보기는 한 것인지, 어떤 행복을 가족에게 남겨 놓을 것인지 생각했다.

언제나 장례식에서 느끼는 인생의 회한이 좀 더

깊은 것은 가까운 인연 때문이 아닌 그 남자의 삶에 대한 연민이 깊어서 이다.

현실 세계로 돌아서는 발길이 깊은 피로감에 무겁게, 무겁게 느껴진다.

어둠 속의 인생

일 년이 지난 뒤 보는 별과 삼 년이 지난 후에 보는 별이 다르다.

빛도 흐릿하고 별도 작게 보인다. 오래 바라봐서 그런가 싶다.

밤 운전도 이젠 두렵다. 거리 사인 판이 흐릿해서 노을이 사라지면 초저녁부터 주체할 수 없는 눈두덩이의 무게는 지나온 세월만큼이나 무겁다. 그렇다고 깊고 긴 잠을 잘 수가 없다.

깊은 밤 사이사이 어둠이 깊게 오는지 아니면 얇게 가는지 몸은 피곤하지만 몇 번의 확인을 해야 하기 때문이다. 어둠이 아침 여명에 밀려날 즈음 심신이 맑고 고왔던 내 젊은 날이 엊그제 같다.

모두 밤사이에 내 신변에 일어난 일이다.

어둠이 깊은 뿌리를 박고 버티고 있는 신새벽 신문지에 침을 듬뿍 발라 말아 피우시던 아버님의 봉초 담배 연기에 비몽사몽 간에 '이제 학교에 갈 시간이 다가오는구나.' 하고 숙제 걱정에 더욱 이불속으로 파고들던 어린 시절, 지금은 마약만큼 나쁘다고 하지만 그 시절 어른이 되면 당연하게 피우던 담배.

지극히 애연가였던 아버님도 돈이 별로 흔치 않았던 시대에 살아가셨던 관계로 봉초 아니면 흔치 않은 궐련 한 대 피우시고 행복해하시는 모습이……

나 또한, 삼십 대 후반까지도 두 갑으로 하루를 지탱했었다. 그런 담배 맛을 잊은 지 이제 이십 년이 넘어가고 있다.

지금도 신새벽 어둠 속에 앉아 말아 피우시는 봉초 연기가 코끝에서 가끔은 선명하게 피어오른다. 아버님은 그런 신선한 어둠 속에서 하루 일을 계획하고 일 년을 만들어가셨다.

가끔은 어머님과의 사랑도 신새벽에 이루어졌었다.

방이 달랑 두 칸 초가집에서 밤늦게까지 공부하는 사남 이녀의 자식들 때문에 시간이 없으셨겠지.

'그런 막내아들이 이제 아버님을 그리워하면서 당신의 뒤를 밟아가고 있습니다. 여명을 코앞에 둔 어둠 속에서 인생도 머지않아 만나면은 아름다운 사랑하고 싶습니다. 그리고 고맙습니다!'

당신의 아들로 태어난 것을 새벽 다섯 시, 온 도시의 어둠은 아직도 방 안에서 잠든 모든 사람을 포근하게 감싸 안고 치열했던 어제의 땀을 식혀 주고 있다.

고요하고 엷은 빛깔의 새벽 신선한 어둠이 오늘도 밝은 날을 만들어 줄 거란 약속을 나 홀로 즐겁게 그런 어둠과 대화하고 있다.

어제의 사건들과 오늘의 햇살을 기대하면서 잠깐 확인하고자 열어젖힌 커튼 사이로 비집고 들어온 여명에 비명을 지르며 사방으로 흩어지는 신선한 어둠들.

숨어들 곳이 없는 것이 안타깝지만 잠시 즐겨 본 이 시간이 가끔은 정말 아름답고 행복하고 아늑하다.

그것은 밤새 꼭 감싸 안고 깊은 잠 속으로 함께 빠져든 고요한 어둠 때문일 것이다. 마지막 순간까지 신선한 어둠으로 하루를 멋지게 해준 너를 오늘은 이만 헤어져야 할 것 같다.

언제나 같은 시간이지만, 오늘만이라도 아름다운 저녁노을과 동행하는 너를 기대하마.

그러면 어쩜 오늘은 아내와의 사랑도……

보스의 죽음

싱그러운 가정의 달 오월이다.

삶의 가치와 삶의 축을 담당하는 곳은 가정이다.

그러한 달이건만 수많은 삶을 세상은 조용히 기다려 주지도 반기지도 않고 더러는 생을 떠나고 태어나기도 한다.

한 가정의 일원이 남은 가족들에게 슬픔을 남기고 계절이 싱그러운 잎새를 지우듯이 세상의 일정을 마무리했다.

일주일의 마지막 금요일을 마무리하던 차 메시지를 받았다.

"Mr, Wang, passed away."

십여 년을 하루가 멀다고 통화하고 만나 의논하였는데. 불과 3주 만에 영원히 그분과 이별의 시간이었다.

올 초에 건강에 유의하라고 홍삼 세트도 선물해 줬는데 마지막 인사가 4주 전에 받았던 '시티 인스펙션 다음 스케줄에서 보자.'가 마지막 인사였다.

세상에서 만나 고마웠다는 인사는 결국, 기도로밖에 할 수가 없는 것이 인생인 것이다.

미스터 왕이 나에게 남기고 간 것은 수많은 프로젝트에서 주고받은 돈이 아닌 중독된 깊은 신뢰라는 것이 새삼 와닿는다.

아침에 마시는 진한 커피 맛도 시간이 지나면 그리움만 남기고 맛은 잃어버리듯 그분과 중독된 깊은 정도 가슴에서 또한 눈에 맺힌 이미지에서도 지워져

갈 것이다.

다만 이 시간에 먼 거리에 사는 친척보다 이웃사촌이라고 했나 싶게 함께한 시간이 메시지 타고 온 가슴속 시린 찬바람의 소용돌이를 잠재울 수가 없다.

그래 가시는 길 가볍고 이승의 시름과 정은 남은 사람들이 나누어 가질 테니 잘 가시라고 기원하면서 그분이 남기고 간 현장의 끝마무리를 종결하는 금요일 시간이 푸르름을 덧칠하며 흘러가고 있다.

한 인생의 그림자를 지우면서…….

작은 소동

오늘 출근 전 지갑을 찾느라 작은 소동이 일어났다.

일 분이 여삼추인 출근 시간에 없어진 지갑 찾느라 십여 분을 지체하고 말았다. 지난 시간을 되짚어볼 수밖에, 백팩에 전화와 지갑을 함께 넣고 길고 험한 뒷산 등산에 나섰었다.

산에서 내려와 잠시 자재 가게에 일이 있어 들렀다가 시간을 보니 점심때인지라 곁에 붙어있는 햄버거 가게에 가서 크레디트 카드로 결제를 하고 최고로 비싼 햄버거로 점심을 해결한 것이 어제 일이었다. 가슴이 답답해 온다. 화풀이할 대상자도 없고 받아줄 사람도 물론 없다. 아내에게 한다면 도리어 핀잔만 받게 되니까 잔머리를 굴리면 허둥대는 손끝에 방바닥에서 뒹굴던 수건이 얻어걸렸다. 왜 수건 밑으로 들어갔는지는 모르지만 반갑다 못해 짜증이 벌컥 났다. 진작에 찾지 못함이 내 잘못이 아니라 지갑이 늦게 나왔기 때문이다. 그래도 출근 시간이 늦지 않을 만큼만 시간을 허비한 것이 짜증을 가라앉혔다.

무엇이 내게 중요한 필수품인가. 첫째는 지갑일 텐데 이 순위로 밀리다 보니 오늘 같은 소동이 일어난다. 크레디트 카드, 의료증, 운전면허증, 비즈니스 면허증 등 우리 집 경제를 지탱해주는 각종 카드가 두툼하게 들어 있다. 그렇게 중요한 지갑이 내 필수품에서 2위로 밀려 있었다.

일 순위는 전화가 자리 잡고 있었다.

출근하기 전 지갑은 당연히 호주머니 속에 있을 거로 생각하고 그저 전화를 찾기만 바쁘다고 잊고 출근하면 무슨 큰일 난 것처럼, 온종일 무엇을 잊은 것처럼 허둥댄다. 전화기가 없어도 내게는 큰일이 없을 텐데…….

무슨 큰 사건이 금방 일어날 것만 같다. 왜 전화기에 그리 집착할까. 아마 인터넷의 마약에 빠진 것 같다. 밴드, 카카오라는 SNS 이런 것들을 통해서 남에 삶들을 엿보고 세상과 소통하다 보니 지갑과 친구들이 자꾸만 밀려나고 있다.

생전에 보지도 만나지도 못한 사람들과의 소통에 점점 깊게 빠져 있었다. 옆에 사는 친구들과의 친교도 소홀히 하게 되고 별로 중요하게 생각이 안 든다.

정작 제일 중요한 사람들인데 손에 잡고 있다가 택시기사에게 지갑을 꺼내어 삼천 원의 팁을 주려고 전화를 무릎 위에 놓고 팁을 주고 그냥 내렸다. 그러니 택시 안에 떨어졌겠지 한두 시간 후에 전화를 잃어버린 것을 알았다. 아마 택시기사가 전화기를 갖고 왔다면 그만한 배상을 하려고 준비했으나 내가 그 장소를 떠날 때까지 감감무소식이었다.

그때도 얼마나 황당했던지.

낙엽

변질한 색깔의 낙엽
마지막 삶의 흔적을 지우기 위해
누추한 대지 위에 자유롭게 누워
흙 속의 물기를 빨아들인다.
자연으로 돌아가고파
청명한 가을 자락에서 맴돌고
붉고 고운 자태는
찬바람에 날아가고

미련은 없었던가 붉은 청춘이
몸을 눕혀놓은 자리를 보니
참으로 안락하여라
보일 듯 바라보지 않은 지면이라
내 인생도 너와 같을진대
보일 듯 바라보지 않을 곳
자연 속 어디쯤인가 알고 싶다.

방황

뒤엉켜 있어야 할 삶들이 빠져나간 가슴엔
겨울바람이 수시로 드나들며
빽빽하니 들어선 삶에
단꿈의 푸른 잎새를 마구 떨구어댄다.
덩그러니 남겨진 앙상한 내 어깨
한 짐 가득 부려놓고 간 공허뿐.

자꾸만 어둠으로 채워지는 세상을

촘촘히 박힌
치열한 별들의 삶이 교차하며
빛은 내려 주지만
침침하고 높은 허공에서 맴돌며 제자리 못 찾는
내 삶의 미련은 긴 별 그림자로 자꾸만 지워진다.
꿈이 빠져나간 육체는
몹시도 춥고 긴 비릿한 한기에 떨고
봄은 아득한 먼 곳에 서 있다.

첫서리

하얀 찬 서리 속에 어둠이 저만치 가면서
아침을 내려놓아
희뿌연 삶에 빛이 되살아나고 있다.
캘리포니아 메마른
대지 밑에 삶들은 찬 서릿발 속에서도
초록으로 희망을 품어대고
한여름 풍성했던 퇴색된 나뭇잎은
유지하던 삶에 끈을 놓고 있다.

버둥거려 보지만 차디찬 냉기에
꺼져가는 별빛만큼이나
굽곡진 삶들에 이야기를
맑고 고요한 칫시리가
이른 새벽에 식혀놓고 있다.

새해 저녁

어둠이 한아름이나 풀려
화려한 도시의 소음을 죽였다
끝이 없는 어둠 속
한없이 걸어가면 아침을 보겠지

하지만
창문 너머 칠흑 같은 어둠이
까만 인간의 갈등을

창안에 가두어두고
시간을 멈추어버렸다
창안을 엿보던 어둠이
내 눈빛에 놀랐지만
거대한 몸 때문에 한 치만 비켜선다
높은 산을 타고 내려온 어둠이
저 먼 수평선에서 밀려온 어둠과 부딪혀
이 도시를 칠흑 같은 절벽으로 감싸 안고
새해 첫날의 새로움을
또다시 지우면서
지나간 일상과 똑같은 삶을 깨울 것이다.

모임

코로나 19의 극성으로 삶이 많이 변했지만 짧아진 햇살 속에 자연의 습성은 변하지 아니하였고 사과나 대추는 좀 더 붉은색을 얻기 위해 잎새를 버리고 잎새를 내어주던 들깨는 인제 그만 향긋하고 부드러운 잎새를 멈추고 하얀 꽃을 피워 내며 열매를 맺을 준비를 하는 가을이 깊어 간다.

모든 모임을 해체한 코로나 19의 반란이 아직도 극

성이지만 시원해진 날씨 탓에 그동안 미루던 친구들과의 저녁 식사를 하며 여름 동안 쌓였던 스트레스를 해소하였다.
여행도 동창회 그리고 동우회 등 많은 모임 등이 정체되어 있어 교류하며 살아가는 도시인들의 삶에 많은 스트레스를 가중했으며 아마도 종교단체들의 타격이 제일 컸을 것이다.
믿음이 약한 신자들은 어떻게 이 모임을 떠날까 고심 중일 때 물 만난 고기 떼처럼 한꺼번에 이탈해 많은 종교단체가 힘들어하는 것을 보고 있다.
그러거나 말거나 마련한 술자리에 나를 포함 네 명이 어찌 된 인연이 닭띠 모임이 된 동갑내기라 더욱 친하게 되었는지도 모르겠다.
서로의 장단점은 있지만, 단점은 버리고 장점은 치켜세운 덕분에 타국에서 십 년을 넘게 희로애락을 같이하고 있다.
코로나 19의 분란 속에서도 가끔 모여 서로의 삶을 걱정하면서 힘들 땐 서로가 의지하면서 타국에서의 삶을 유지하는 친구들이다.

소주 2홉짜리 6병과 안주로는 삼겹살과 간장 새우까지 곁들여 여름 내내 쌓인 타국의 서러움과 가장의 무거움을 풀고자 한껏 준비한 회식 자리 삶의 현장에서 받은 스트레스는 조그만 소주잔을 흘러넘쳤고 상위에 남겨진 안주 위로는 가장들의 무게가 더해져 맛을 잃고 식어 갔다.

당연히 주제는 직업 전선에서 언제 밀려날지 모르는 육체의 느낌이 누가 더 한지 침을 안주에 덧씌우며 논쟁하였지만, 도토리 키 재기라 여름이 잠시 비운 사이에 비집고 들어선 가을의 자그마한 냉기조차 못 견디고 저녁 8시가 되기 전에 다음을 기약해야만 했다.

산다는 이유

새벽 신선한 공기는 마음도 가볍게 한다.

하루해가 아침처럼만 같다면 산다는 이유가 얼마나 좋을까.

해가 서산으로 넘어가면서 어둠을 깔고 있다.

세상의 소음들이 잦아들자 그사이 잔별들이 밤의 세상을 열어간다.

책상에 앉아 불도 켜지 않은 채 살아가는 이유를 캐묻고 있다.

창밖으로 포도나무 잎 사이로 제법 영근 포도가 보인다.

거름 조금 그리고 물만 주었는데 창 쪽으로 줄기와 잎을 키웠고 그 잎새는 서산으로 넘어가면서 마지막 힘을 쏟는 햇빛을 힘겹게 막아주고 있어 한결 시원한 바람이 창으로 파고들도록 하고 그늘 또한, 진하게 잎새 자국을 마룻바닥에 그려댄다.

1950년도에 태어난 아기들은 밑거름 하나 없는 투박한 대지 위에 심어졌다.

그리고 커가면서 부족한 물 때문에 갈증으로 허덕였다. 그래서 50년도 후반에 태어난 나는 지금까지도 보리밥, 무밥, 감자, 고구마를 즐겨 먹지 않는다.

황무지 같은 땅에서 많은 사람이 잡초 같은 생명력으로 이 세상을 버티어 왔고 산다는 이유조차 모르면서 아니 따질 시간 없이 바쁘게 세상에서 삶을 차곡차곡 쌓아나갔다.

그런데 요즘 세상이 적막하다. 이 분주한 도시가 이상하리만치 고요하다.

이젠 제법 익숙해질 만도 한데 이젠 가슴에서 한

숨으로 밀어낼 만도 한데 잘 드는 칼로 잘 익은 수박의 절단처럼 쫙하고 새빨간 속을 드러내는 것이 살아간다는 이유가 아닌데.

삼복더위에 등줄기 타고 턱밑으로 뚝뚝 떨어지던 막 퍼 올린 차가운 우물물이 살아간다는 이유가 아닌데.

차가운 북서풍의 한가운데 한 짐 가득 나뭇짐을 지고 산에서 내려오시던 아버님 이마에서 흐르던 땀방울이 살아간다는 이유인 것을.

늦장마 속 시원하게 쏟아진 빗물 한 방울도 그저 흘려보낼 수 없어서 이모작 논에서 논둑을 높이 쌓던 부르튼 손바닥의 쓰라림이 산다는 이유인데.

오늘 나는 어둠이 쌓여가는 하루를 마감하면서 세상에 산다는 이유를 묻고 있다.

세상은 나를 고독과 어둠의 세계로 밀어 넣는다.

서쪽 하늘 붉은빛이 지워지면서 포도나무 깊숙한 곳의 줄기를 타고 점차 잎새까지 검게 익어간다.

바람에 어눔이 고독에 몸서리치며 한낮의 뜨거운 햇볕에 지친 심신을 잠들기 전 편안한 자세를 잡는 모양이다.

세상의 만물은 햇빛에 오염된 세상을 어둠으로 감싸 안고 아침이슬에 적셔놓아 같은 햇살로 지워버리는 연속이다.

어떻게 그 속에서 산다는 이유를 볼 수 있으랴.

그저 밝아왔으니 열심히 살 수밖에…….

친구//Wan
그리움
보내 주고 싶은데
닿지 않네
미안 미안
해서
한송이 꽃에
마음 옮겨
보내니

호박잎

먼 타국에서 삶을 일구다 보니 멋지고 아름다운 여행은 나에게는 고향만 한 게 없는 것 같다.

깊고 웅장한 그랜드캐니언보다는 고향 마을 뒷산 계곡이 그립고 반쪽짜리 바위가 하늘을 찌르는 요세미티 국립공원보다는 학교길 옆 말 타던 조그만 바위가 훨씬 웅장하고 정답다.

태평양 아름다운 해안 길보다는 동네 앞 개천에서 붕어 훔쳐내고 둑길 잔디에서는 삘기 뽑아내던 곳은 내겐 더 멋져 보였던 내 고향 서천 하고도 십 리 길 두메산골 북향굴.

캘리포니아의 싱그러운 햇살도 고향의 봄날 양지 밭두렁에 나물을 키워내는 햇살만 훨씬 못하다.

그곳의 흙냄새는 가슴에 엉켜있는 그 무엇이 뚫어 주고 외양간을 훑고 달려드는 살바람에 두엄 냄새는 정겹다 못해 눈시울을 적셨다.

잿배기 걸터앉은 붉은 노을 앞에 앉아 구수한 된 장찌개와 시커먼 보리밥 숟가락 위에 얹어 먹던 연한 호박잎 여기에도 장날이 있는데 거리 좌판 위에 놓인 호박잎에 신랑 얼굴이 겹쳐 보여 두말없이 구해온 우렁각시.

덕분에 그런 호박잎이 저녁 밥상 위에 올라왔다. 살짝 쪄서 올라온 호박잎 보기만 해도 입맛이 고향으로 치달린다.

고향에 맛이란 고급 일식집에서 먹는 생선요리와는 또 다른 뱃속의 충만함에 벅차다.

언제나 그리는 내 고향 서천 비릿함을 가득 싣고 재 넘고 들판을 휩쓸던 바닷바람을 언제나 가슴에 품어볼까나?

또다시 향수병에 걸렸나 보다. 연한 호박잎 하나가 가슴에 고향을 맴돌게 한다.

상추 또한, 삼겹살이 아닌 보리밥 한 쌈 가득 입안을 채워도 고향의 맛은 일품이다.

논두렁 잔디밭에 앉아 후룩후룩 한입 가득 밀어넣던 막국수의 풍요로움이 그립고 모깃불 매캐함에 투덕투덕 굵직한 수제비의 뜨거움이 입가에 침이 흘렀다.

이 모두가 고향의 여름 별미이다. 왠지 여름에 먹던 음식들이 유달리 입맛에 남아 기억이 새롭다.

맛집 찾아 삼천리를 찾아 나선 어느 방랑객에게 고향 맛을 권하고 싶은 것은 타국에서 사는 나 혼자만의 별미인가 싶다.

이젠 고국의 무더운 여름은 상상도 할 수 없을 정도로 잊었다. 하지만 입맛과 냄새는 잊으려 하면 할수록 샘물 솟듯이 솟아난다.

미국에도 호박은 있지만, 여름에 비가 오지 않아늘 억센 잎만 보아서 먹지 못할 것으로 알았는데.

고향의 아침 이슬 머금은 것처럼 연한 호박잎을 구하다니 진한 고향에 여운이 아마 몇 날 며칠을 갈 것이다.

그런 향수를 전해준 내 사랑 나의 연인, '고맙고, 사랑합니다.'

사는 재미

모처럼 찾아온 연휴,

심한 가뭄으로 메마른 산야는 황금색 일색인 이곳 캘리포니아에서 시속 130km로 달려도 달려도 끝도 없는 고속도로를 두 시간 반이나 치달려야 되는 곳의 평범한 작은 도시에 내 동창과 내 고향 삼 년 선배가 살고 있다.

초창기에는 일 년에 서너 번씩 만났었는데 운전이 쉽지 않아 그 횟수가 점차 줄어 요즈음 일 년에 한두 번으로 줄었다.

심신에 스트레스가 쌓이면 한 번씩 만나 고향 이야기하다 보면 새벽 두 시를 훌쩍 넘기곤 한다.

아침부터 시작한 고향을 조각조각 쪼개어서 퍼즐 맞추듯이 추억을 찾아가면. '그래, 그거야. 그곳이야.' 맞장구치면서 새벽까지 고향의 역사는 무궁했다.

간간이 포도주를 입을 축이면서 발과 손이 입을 따라가지 못할 정도로 고향 산천을 빠지지 않고 찾아다니다 보면 이곳이 미국인지 내 고향 북향굴인지 잠시 헷갈린다.

먼 이국에서 만난 고향의 삼 년 선배지만 일찍 유학했던 선배는 별로 고향에 알려지지 않은 인물이지만 그의 형제들과는 잘 알았던 관계였고 선배는 그냥 이름 정도만 기억하고 있었는데 머나먼 이국에서의 만남은 단번에 고향 사촌으로 만들어버렸다.

고향에서 나는 사투리로 부르는 음식 이름들, 특정 지어 불렀던 재, 뒷동산 근처에 동네 이름, 논배미까지 영어의 이질감 때문에 섞이지 못했던 타향의 서러움이 논배미의 이름이 거침없이 나올 때의 희열은 아마 겪어보지 않고는 그것을 이해하지 못할 것이다.

살아 있다는 것, 추억이 아주 많다는 것, 그런 추억을 함께 하나하나 풀어 본다는 것, 특별한 삶에 희열이고 행복이다.

그것도 이국 생활에 허덕일 때 가끔 풀어 볼 수 있다는 것은 더할 나위 없는 삶의 활력소이다.

두 달 만에 찾아든 연휴 시원한 바닷가도 좋고 높고 울창한 숲도 좋지만, 고향 향수만큼은 아닌 것 같다.

일 년에 한두 번씩 하는 여행인데도 매번 희열을 느끼는 것 나만 그런 것일까 싶다.

생일

어린 시절 특별한 날이었던 설날과 추석은 눈이 즐거웠고 부러움이 반 창피함이 반을 가슴을 채우는 날이었다.

양복과 양장으로 치장을 한 멋진 서울 아저씨와 아주머니들을 볼 수 있어 설레었고 따라온 또래 아이들의 하얀 얼굴과 손발을 보고 창피함에 호주머니 속으로 손을 감추었던 어린 시절에서 성인이 되어 서울로 이사하면서 설날과 추석마저 경제적으로 힘들어지면서 고향조차 외면하는 날로 변했었다.

그러다 미국에 이민하면서 세월과 함께 환경과 꿈 그리고 경제와 친구 심지어 밤과 낮까지도 바꾸어 주었다.

한국에서의 추억 속 특별한 날들은 모두 사라지고 생일날만 덩그러니 남아 있다.

오늘은 60대 중반을 넘기는 생일이다.

부모님의 사랑으로 이어진 내 생일은 고맙게도 아내까지 음력으로 내 생일을 기억하고 챙겨주고 있다.

거기에 큰누님, 그리고 초등학교 친구들까지 기억하고 챙겨주는 행운을 안고 살아간다.

먼 고국에서 날아든 친구들의 생일 축하 메시지는 어머님의 향수를 품고 있어 고맙고 가슴이 뭉클하다.

생일날이 다가오면 잊고 지내던 설날의 행복과 추억을 회상시키고 어린 시절 부모님이 만들어 주던 생일 떡이 그리워지곤 한다.

군것질은 산과 들에 있는 것 말고는 없던 시절이라 생일 떡은 최상의 선물이었다.

아내는 어제부터 부엌에서 맛있는 음식을 만들고 있다.

부부는 살다 보면 닮아간다. 음식도 마음도 아마도 서로가 조금씩 양보하며 좁혀가는 오랜 세월 동안 합의점에서 살아가다 보니 그럴 수밖에 없는 것 같다.

특별히 올해는 일요일에 생일이다.

고향 추억

별똥으로 떨어져 달빛에 흐르다 냇가에 걸려 있던 친구들의 동심은 버들강아지 몇 번 피고 지니 흘러가 깊은 강물에 가라앉았다.

헐렁한 싸리문을 구수한 군고구마 냄새와 함께 잘도 타 넘던 순이의 앵두 같은 동요는 연애편지의 잉크가 마를 때쯤 시집가버렸고.

구불구불한 논두렁 밭두렁 잡초에 물든 아버님에 피땀은 찬 이슬과 하얀 서릿발에 마른 풀잎은 바스러져 갔고.

어머님의 눈물을 훔치며 유령처럼 부엌문을 빠져나오던 매개한 연기, 붉은 저녁노을과 함께 고향 산천 몇 번 휘돌더니 서산을 넘어가 버렸네.

모두 떠난 고향을 나의 순이에 애달픈 짝사랑은 지워질 줄 모르네.

봄 풍경

보기에는 봄이고 살결에 닿는 계절은
봄을 넘어서고 있다.
대지의 푸른 청춘은 요염하기만 하고
온기는 대지를 덥고도 남아
달리는 차 창을 열어젖힌다.
고속도로 옆 노란 유채꽃들은
볼우물 수줍음을 잔뜩 머금고 머지않아
시집갈 태세로 한껏 향수를 뿌려댄다.

차창 너머 금발의 아가씨
탐스러운 가슴엔 흰 꽃이 활짝 피어
아른한 내 눈이 덩달이 환해지고
도시의 봄 풍경은
그저 고속도로에서 뿐 삶의
하루하루에선 봄을 기억하는 것은
계절뿐인가 싶다.

만남

현실 같은 꿈 이야기.

봄비가 촉촉이 내려 봄 가뭄으로 목말라 있는 이곳 샌프란시스코공항을 흠뻑 적셔주는 날쯤에 달콤한 꿈속에서 현실 속으로 빨려 들어갑니다. 화려한 쇼윈도가 번쩍이는 면세점 이곳저곳을 기웃거리는 소년의 마음에 봄비를 타고 핑크빛으로 물들어 봄꽃이 활짝 핀 아름다운 대지 위에 한몫을 보태려 합니다.

소년의 기대는 화려한 립스틱도 아니오, 진한 향

수도 아니었고 사랑의 상징인 초콜릿이 소년의 손에 들려 한 여인, 한 여인의 하얀 손끝에 전달되는 감미로움이 소년의 가슴을 봄비보다 더 강렬하게 적셔놓았네요.

14시간 정도면 핑크빛 우정에 꽃이 만개하려 합니다. 고국으로 비행시간이랍니다.

비좁은 좌석쯤은, 시간차의 피곤함도, 세 여인에게 어찌 말을 건넬까. 고민에 설레는 소년 가슴에선 그 어느 것도 빈틈을 주지 못했습니다. 고국의 하늘은 원망스럽게 진한 진눈깨비를 뿌려 염려스러운 여인들의 나들잇길이 소년의 가슴을 시커먼 숯덩어리로 만들지만, 하얀색과 어우러진 어둠 탓에 현실에서 그나마 위로에 빛이 되어줍니다.

기다리는 지루함과 피곤함이 그녀들 가슴에 파고드는 것은 두려워 기다리는 자 시간의 초침을 바라보며 원망 가득 실어봅니다.

기억도 희미한 어느 화려한 호텔 식당가에서의 첫 만남은 첫사랑을 재생하며 한 뼘은 더 큰 것 같네요.

상상 이상의 호응에 상상 이상의 대접에 가슴속이

손끝이 떨려와 음식 맛조차 진수성찬인지 배가 부른지 헛배인지조차 가늠하기 힘들었답니다.

더욱이 여인들의 다소곳한 수줍음은 어느 궁전 어느 화려한 파티장의 분위기보다 진한 여운이 이 가슴에 파고들어 소년이 갑자기 백마 탄 왕자가 되었답니다.

흩어지는 생동감에 목마른 나이, 그런 삶 속에서 한껏 행복감을 채워주네요. 가는 시간 앞에 소년은 한껏 원망해보지만, 자연의 시간은 누군가의 것도 그 어떠한 신도 잡을 수가 없기에 소년은 수긍하기가 무척이나 힘들면서도 그녀들의 높이 솟은 구두 뒷굽의 또각거리는 발걸음 소리에 기억력을 높였답니다.

헤어짐의 포옹에 세 여인의 각기 다른 향기들 현명하고 아릿한 향기로 발랄하면서 다소곳한 수줍은 향기와 넉넉한 어머님과 같은 향기에 취해 가슴에 안긴 그녀들을 느끼고자 팔에 우정을 한가득 실었답니다.

현실 같은 꿈 50여 년 만에 국민학교 여자 동창생들과 만남…….

허리끈

수많은 허리끈이 넘쳐나는 세상에 살고 있다.

아담과 이브가 옷을 입기 시작부터 매던 허리끈 여자들은 허리에 포인트를 강조하기 위해서도 트렌치코트의 풀어 젖힌 허리끈은 매력적으로 보인다.

반면 삶의 고단함이 묻어나던 아버님의 허리끈, 광목의 자투리를 배배 꼬아 만들어 농부인 탓에 허리끈은 늘 꼬질꼬질했고 어쩌다 외출 시에는 세상의 보는 눈 때문에 인조로 만든 윤이 나는 허리끈을 하시고 나가셨다.

우리도 예외는 아니었다 천으로 만든 허리끈은 가끔 난처한 상황에 부닥치게 만들곤 하였다. 소변이야 앞 트임이 있어서 급하면 그곳으로 해결하지만, 배탈이 났을 때 어쩌다 보면 허리끈이 엉킨 것이 아닌, 꽉 매 있어서 쉽사리 풀어낼 수가 없어 바지에 그냥 볼일을 볼 수밖에 없게도 하였고 초상집 하면 가장 먼저 허리에 감아 돌린 볏짚 새끼줄이 떠오른다.

의미는 모르지만 내가 크면서 동네 초상집의 상주들은 늘 그랬다.

어머니 허리끈은 치마에 달려 있지만, 또 다른 용도로 치마의 불편함을 줄이기 위해 매던 허리끈이일 때 혁신으로 다시 태어난 것은 몸빼이다.

이것이야말로, 허리끈의 정점이고 최상의 변신이라고 할 수 있다.

입기 편하지, 벗기 편하지, 허리에 조임도 없지, 반면 청춘 남자들의 정점인 군에서는 허리끈은 혁대로 변하면서 바지 앞트임에 일직선으로 맞추지 않으면 점호시간에 늘 지적받았던 기억이 몇십 년이 지나도 새롭다.

요즘 그런 허리끈이 구멍 하나 사이를 놓고 아침마다 갈등을 부른다. 어느 브랜드이건 대충 맞는 게 내 바지 치수인데 살이 빠진 것인지 아니면 바지 치수가 틀린 것인지 한 구멍을 늘리면 흘러내리고 한 구멍을 줄이면 꽉 끼고 구멍과 구멍 사이가 일 인치 차이인데 엄청난 갈등을 초래하고 있다.

그 사이에 구멍 하나를 더 내자니 벨트가 약해질 것 같고 일 인치(2.54 센티미터)의 구멍과 구멍 사이, 가깝고도 멀어 시작점인 아침마다 겪는 작은 갈등이다.

여행 종점에서

고마운 임들에게

내 주변에는 꽤 많은 임이 엉키어 나를 지탱하여 주고 임들과 시작된 인연은 고향에서부터 시작되었지만, 더러는 타향에서도 이루어졌고 사랑하는 임이 그 하나입니다.

그리운 임이란, 내게는 부모님, 사라져 간 친구들 그리고 멀리 떨어져 자주 볼 수 없는 동무들이지요.

시작된 곳에서 그리운 정은 지금도 안개처럼 높은 곳으로 피어오릅니다.

잘 익은 정이 숨 쉬던 곳, 고향 하늘 아래 해, 별, 달빛으로 만들어지고 아침 이슬을 먹고 눈, 비를 서로 막아주며 익어갔습니다.

그것은 자연이 맺어준 인연인지 인의에 맺어진 인연인지는 모르지만, 누구인지를 얼굴 익힐 때부터 옆에 있었기에 잘 가꾸어진 정이지요.

이들과 만남은 늘 가슴을 설레게 하고 이별할 때는 아쉬움 한 짐, 가득 받고 떠나곤 합니다.

그리고 내가 하나를 주면 두 개를 받는 게 고향 정인가 봅니다. 이승은 참으로 멋지고 아름답습니다.

그렇게 멋지고 웅장하고 기묘하여 내 눈빛을 빼앗아 갔지만, 그것도 잠시라는 순간 또한 설렘은 봄가을 소풍으로 어린 시절이 끝이었지요.

인간의 내면은 본인조차도 가끔 알 수가 없기에 타인에 내면을 본다는 것은 신이 아닌 이상 알 수가 없습니다.

그러나 그리운 임들과 만남이 이루어지면 내면에

서 나오는 친근감이라는 것을 숨길 수가 없습니다.

때론 눈빛으로 때론 손짓으로 슬픔과 기쁨을 나누기도 그것도 가슴과 가슴으로 말입니다.

그런 그리운 임들과 이번 만남에서 정을 받고 또 받았습니다.

여행의 시작에서 끝까지 아름다운 추억에 꽃이 만발한 꿈길 여행이었답니다. 홍동리댁, 군산댁, 선동댁, 이렇게 부르면 더욱 정다움이 느껴집니다.

모두 짧은 여행길에서 귀중한 시간과 노력을 함께 해주셔서 정말 감사합니다.

나는 준 것 없이 염치없이 받기만 했지만, 그래도 아무런 조건이 없는 대접이라 가슴이 뜨거워집니다.

그런 임들에게 고마움을 잊지 않기 위해 이렇게 일기장에 홍동리댁의 고마움과 군산댁의 노고와 선동댁의 친근함을 기록하고자 쓰고 있습니다.

각기 다른 표현이지만 세 분 모두 같은 대접을 나에게 베푼 고마운 님들입니다.

앞으로 몇 번이나 만남이 이루어질지는 모르지만,

행복한 정 덕분에 내 눈은 자꾸만 태평양을 가로지릅니다.

인생의 모든 삶은 불행과 행복의 갈림길에서 늘 갈등합니다. 내겐 그런 갈등을 해소해주는 임들이 있기에 오늘도 행복이라는 길로 접어들었고 그리움이라는 짐을 한가득 지고 있어 뿌듯함이 어깨를 짓누르네요.

잘 익은 정과 함께 살아간다는 것은 멋진 인생길이 아닐까 싶습니다.

고맙습니다.

시간의 물결은 오고 또, 오고 그곳에 세월이 쌓여가네요.

삶에 묻어 있는 인연에 아쉬움이 더해지니 떠나는 발길이 무겁지만 내 것이 아니기에 잠시 빌려 쓴 임의 따뜻한 인연에 깊은 감사 인사 남깁니다.

떠나는 날 아침.

돌아온 일상에서

겹겹이 쌓인 인연들을 벗어대니
단추 하나 없는 것이 쉽게도 벗겨진다.
파고드는 아쉬움에 미련에 작은 불꽃이 튀어
그 씨앗들이 삶에 현장으로 번지니
적막한 도시에 소음들이 감싸 안고 나뒹굴어 어느 것이 미련인지
인연인지 날카로운 인심들이
조각조각 흩어져 도시의 화려함 속으로
숨어든다.

현대 사회

시간은 추운 겨울이 가면 따뜻한 봄이 되며 소리 없이 자연을 키우면서 여름으로 삶을 관장한다.

사시사철 꽃을 볼 수 있는 이곳이지만 봄꽃들도 계절에 맞추어 도시를 따뜻하게 꾸미면서 시간을 질서 있게 써가며 인간을 도와주지만, 요즈음 세상은 코로나바이러스가 곁들면서 더욱 복잡하고 이해할 수 없는 세상으로 빠르게 변해가고 있다.

더욱이 컴퓨터 앞에 앉으면 머리부터 아픈 연대에

태어나 점차 빨라지는 컴퓨터 속도 앞에서 손은 느려지고 눈은 침침해져만 간다.

요즘 세금 정산의 계절이고 회사 또한, 외부 감사가 오월 초에 예정되어 있어 집에서나 회사에서나 복잡한 숫자와 보이지도 들리지도 않는 컴퓨터 속의 정보와 싸우지만 못 미치는 머리와 느려 터진 손으로 한량없이 소비되는 시간으로 발만 동동거린다.

육체는 의자에 묶어 놓고 머리는 한시도 쉬지 못하게 복잡한 미지의 세계로 빠트리고 있다.

가상 화폐는 또 왜 나와서 현혹하는지.

봉이 김선달보다 더욱 미스터리한 가상 화폐란 무지개를 띄워 놓고 팔아먹는 것과 무엇이 다른지 모르겠다.

주식은 왜 그렇게 오르락내리락하는지 컴퓨터 속은 아직도 나에게는 미지의 세계이고 소란스럽기만 하다.

육체노동의 대가가 신성한 줄 알았고 전부이던 과거는 아득하기만 하다.

가상화폐의 실체를 알고 싶고 주식의 값어치를 가

늠하고 싶지만 내 머리로는 숫자로는 계산해 낼 수 없다.

또한, 가슴에 추억을 저장할 수 있는 창고까지 치워 버리고 가족들의 전화번호를 기억 못 하게 하는 손안이 차갑게 살아 움직이는 기계의 반란으로 나에게는 복잡하고 벅찬 현실이다.

사월 아침

눈이 부신 햇살은
직선으로 쏟아져 내려 청명한 하늘에 그림 그리듯 서 있는 싱그러운 나뭇가지를 사뭇 부러뜨릴 기세다.
초원은 그 자태가 한껏 부럽다 못해 질투가 싱그럽다.
풀잎 끝 아침 이슬은 햇살에 보석처럼 빛나고 다가선 발소리에 부끄러운 새색시.

금방이라도 첫날밤 치를 것처럼 맑고 아슬아슬하다

차창으로 스며드는 아침 공기엔 멋진 아가씨 아침 비누 향기 묻어나듯 스치니 산과 들에 묻혀, 하나가 되고 싶다.

몸살

부모님이 주신 귀한 몸.

자라면서 많은 병치레를 했지만 나름 건강하게 잘 유지되었고 예쁜 여인을 보면 즉각적으로 반응하는 남자로 성장을 했다.

고향 사람들을 만나면 고향 냄새를 맡게 하고, 친한 친구들을 만나면 웃음을 주고, 가정에 평화가 찾아들면 행복감을 주는 육체가 요즘 이상이 생겼다.

고국 여행에서 돌아와서 일요일도 없이 온 도시를

날아다녔다.

동분서주 여행의 여독이 풀리기 전에 날뛰었으니, 일요일만이라도 휴식을 취하곤 했는데 갑자기 맥이 풀리면서 다리에 힘이 쭉 빠져 소파에 벌렁 누워 버렸다.

어제 퇴근하면서부터이다. 그 예쁜 여인도, 고향의 친구도 모두 시들하다. 눈에 귀에 보이고 들려오는 것들이 시시하고, 소음이고 코에 들어오는 것들 역시 역겹다.

아가씨들의 비누 냄새조차도, 입으로 들어오는 것들 또한 씁쓸하기만 하다.

원래 쌉쌀한 맛을 즐기는 편이지만 육체의 반란에서 느끼는 쓴맛 하고는 차원이 다르다.

무엇 때문에 버둥거리면 살아야 하는지도 이유도 없어졌다.

화단에 붉게 물들인 난 꽃에서도 감흥은 없고 그저 빨갛다.

오월이 가까이 다가서니 하늘이 높고 푸르지만 늘 머리에 이고 있는 하늘일 뿐이다.

이 세상 모두 아무런 흥미가 없다. 그냥 이유 없이 육체의 반란은 살아갈 힘이 되는 모든 것으로부터 격리한다. 그래야 자기가 편히 쉴 수 있기 때문일 것이다.

가끔 일상으로의 탈출이 이루어져야 하는가 보다. 어둠도 그 하나일 것이다.

몸살은 강제로 온다. 내가 쉬고 싶어서 쉬는 모양새가 아니기 때문

내가 정신없이 날뛰니 잠시 쉬어가라고 강제로 진정을 시키는 것이다. 이것마저 거부하면 아마 영원히 쉬게 만들고 말 것이다. 내 육체가 반란이 일어나면 또 한 사람이 아프다. 아내가 아프니 걱정이다.

의사로 치면 과잉진료가 되고 과잉치료가 이루어진다. 본인이 아픈 것보다 훨씬 많은 진료와 치료가 이루어진다. 그리고 의사보다 앞서 나간다.

어느 한쪽이 아프면 아마 명의를 넘어서야 하는가 보다. 그러니 내 것이 아닌 내 육체를 잘 간수를 해야 한다.

쓸데없는 곳, 험한 곳, 더러운 곳, 피해야 할 곳을

잘 골라내야 한다. 이것이 부모님이 주신 귀한 나를 지키는 것이다.

모처럼 찾아온 달콤한 휴식이지만 씁쓸한 입맛 탓에 행복은 없었다.

몸살 뒤에는…….

유월

세월은 묵직한 삶들을 과거로 실어 나르고 있다.

수많은 과거 속에는 보릿대의 향긋한 냄새와 이모작의 고단한 논을 나의 먼 추억이 매달고 있다.

유월의 뜨거운 태양 아래서 흐르는 땀 냄새가 아버님의 주름진 얼굴이요 보릿대에서 뿜어져 나오는 향긋함이 어머님 땀에 얼룩진 앞치마 냄새이다.

두 가지 일을 모두 어찌 잊으랴. 뒤뜰에서 익어가는 빨간 앵두와 같이 추수하던 보리 가끔 한 주먹씩 잔뜩 빨간 물을 탱탱하게 머금은 앵두를 입에 넣으면 새콤달콤한 맛이란 보리밥에 진력이 난 입안의 행복 그 자체였다.

후텁지근한 날씨에 땀이 흐르니 꺼끌꺼끌하던 터럭이 몸에 붙어 더욱 힘들게 하였다.

낮엔 논밭에 나가 일하느라, 보리타작은 탈곡기를 이용하지만 깜깜한 밤에 이루어져 피곤하여 졸면서 도와주던 보리 수확 작렬하는 햇살에 쓰러지듯 엎어져 있는 보리 베기는 정말 고역이 아닐 수 없었다.

오월 중순부터 시작된 모내기로 피로가 겹친 허리를 쉴 사이도 없이 그늘도 없는 보리밭으로 달려들어 잔뜩 엎어진 보리 베기란 하지의 긴 하루도 더디기만 했다. 아픈 허리와 뜨거운 태양이 인간의 삶에 언제나 끼어드는 유월이기 때문이다.

밭보다는 논이 기름지고 토양도 훨씬 좋다. 그래서 이모작 논에서의 보리는 늘 일등 급이 나오기에 농부인 아버지 처지에는 벼와 보리를 한 해에 두 번 수확할 수 있는 땅, 즉 보배스럽지만, 하지만 농부의 자식들에게는 이 땅이 축복만은 아니었다.

어찌나 힘든 일인지 겪어보지 않은 사람들은 모를 것이다. 제법 많은 양의 비가 와야 모내기할 수 있는 이모작 논 비라는 것은 꼭 새벽에 많이 내린다.

학교는커녕 아침도 제대로 먹지 못하고 가끔은 방학이 아니어도 이루어지는 이모작 논에 모내기, 컴컴한 새벽부터 논두렁 손질에서부터 모판에서 모 쪄내기 등, 온 식구가 달려들어 부지런 떨어야 한다.

이모작 논이라 물 빠짐이 빠르므로 논에 물이 마르기 전에 모내기까지 끝내야 모가 뿌리를 잡을 수 있기 때문이다. 그중에 우리가 할 수 있는 일은 모판에서 모 쪄내기, 이모작 논까지 모를 나르는 일이다.

지게에 지고 이동할라치면 지게 위, 모 뿌리에서 뚝뚝 떨어지는 물이 등줄기는 물론 신발 속으로 들어가고, 비가 내려 미끄러운 길에 미끄러운 신발, 여간 고역이 아니었다.

무게는 뿌리에 진흙으로 뭉쳐있고 모는 성장할 대로 성장해서 그 무게란 중학생이 감당하기란 쉽지 않았다.

이모작 논이 없는 집이 어찌나 부럽던지 왜 우리

집은 꼭 이모작을 해야 하는지 늘 그것이 불만이었다.

비 오는 새벽, 유월에는 확확 달아오르는 햇볕을 피해 잠시 낫을 놓고 그늘에 앉아서 바라보던 들녘은 이제 갓 뿌리를 내려, 새끼를 치던 모들의 파릇한 색깔은 어린 내가 보기에도 넉넉한 가을을 주기에 충분한 색깔이었다.

아름다운 추억은 아닐지라도 향긋한 보릿대의 향기와 이모작의 모, 한 짐 지게에서 떨어지던 물로 인해 미끄러운 신발의 가치는 결코 버릴 수 없는 내 고향이고 추억이다.

뒤뜰의 유월

뒤뜰에 푸른 생명이 살아가기 위해 몸짓이 부산스럽다.

긴 시간의 하루 햇살에 서로 간 삶에 경쟁에 돌입한 모양새다. 월등히 뛰어난 포도 넝쿨이 한창 송이송이 달콤한 사랑을 채워가며 유월의 햇살을 맞이하는 눈빛이 탐스럽다 못해 요염하기까지 하다.

이웃의 사랑까지 독차지하며 이웃 너머, 이웃에까지 염문을 뿌려대는 빨강 아름다운 입술의 장미. 그

대는 누구도 못 말리는 여왕이 맞는구나.

눈초리가 매섭고 성질 또한 통통 튀는 풋고추는 삶의 터전에 자리다툼에서도 주인의 사랑을 독차지하기 위해서도 물불을 안 가린 탓에 제법 위세를 떨친다.

아직은 통통하고 작지만 타고난 성질 탓에 제법 한 성깔 할 것 같다. 더더구나 작년 매서운 서리를 이겨낸 녀석이고 보니 키는 껑충하여도 세상 어디에서도 흔치 않은 두 살배기이다.

줄기에 힘을 쏟고 있는 고구마도 뒤뜰에 정글을 만들 양으로 이나무 저 나무를 팔을 걸치고 친한 척 해보지만, 누구 하나 아는 체하지 않는다.

눈빛을 깔며 귀찮아하는데도 온갖, 시비하면서 알게 모르게 은근슬쩍 자기 삶에 영역을 넓혀간다.

너무 과하게 부풀리면 가지를 쳐다가 주인의 작은 소망 한번 풀어봐야겠다.

고구마 줄기 김치 한번 맛보고 싶어서 작년에 심었는데 어찌나 고구마를 말렸는지 좀처럼 싹이 움트지 않아 약을 쳤는지 걱정했었는데 다행히 작년 구

월쯤 넝쿨이 뻗기 시작했다.

그걸 그냥 두었더니 올해는 이른 사월부터 넝쿨에 힘이 실리기 시작했다. 동떨어진 호박넝쿨은 이웃의 손을 잡기 위해 안간힘을 쏟지만 아직은 낯설기만 한 모양이다.

이사 온 지 보름 정도라 외면하는 추세이다. 이제 제법 삶의 터전은 굳건히 다졌지만 어울릴 만한 몸짓과 수줍음이 덜 풀린 탓인지 좀 떨어진 곳에 다소곳하게 얌전을 떨고 있다.

안주인의 유별난 사랑을 받는 녀석이 있다. 뒤뜰의 온갖 생명체들로부터 시샘을 받는 사과나무 아마도 내년쯤에는 탐스러운 열매가 달릴 것 같다.

달콤새큼한 사랑에 향기까지 뿌려대면 요염한 빨간 입술의 장미까지 젖힐 것이다. 지금도 오가며 인사받는 녀석이고 자의든 타의든 제일 좋은 삶의 터전을 잡고 있으며 가장 가까운 주인의 손길 옆에 잎새 하나하나까지 파란 사랑이 실리고 있다.

거기에 무관심 속에서도 들녘 머슴애 같은 녀석은 혈기 왕성한 들깨들이다.

제일 많이 주인의 식탁을 풍성하게 하지만 못난 자식이 효도한다는 말처럼 손길 한번 눈길 한번 주지 않았지만, 그 많은 눈치코치 받으면서도 선머슴처럼 활달한 몸짓으로 왕성하게 성장하고 있다.

세상은 이런 것이라고, 파란 하늘만 하게 잎을 넓혀가며 식탁의 풍성함을 한몫 단단히 한다. 뒤뜰의 생명체들은 각자의 삶도 그들의 방식대로 일 년의 짧은 날짜에 최대한의 푸른 영역을 넓히면서 유월 긴 하루가 살만한 계절이라고 한다.

임

그것이 너였구나
꽃처럼 아름답고 꽃 같은 향기로움으로
그리움을 날려 보낸 이가
그것을 가슴에 품고는 하루에도
일 년 열두 달 동안 수만 번을 기다렸다.
다시 오기를…….

3

그 여인의 손은 예쁘다

모처럼 고국 여행길이 설렘으로 가슴에 가득했습니다.

소년 시절 소풍 길 같은 마음입니다. 도시락 흰 쌀밥 위에 달걀프라이가 올려져 있는 것처럼 여행용 가방도 함께 등 뒤에서 춤을 췄네요.

먼길 바쁜 일정을 다 미루고 저를 보기 위해 찾아주신 오십여 년 만에 만난 동창생들 덕분입니다. 정말 반갑고, 감사했습니다.

작은 읍내 분교이지만 포근한 지장산 타고 내려온 정기 덕분에 큰 꿈은 아니지만. 순박한 천성을 타고 났고 착하게 되라는 태월 학교의 교훈 덕분에 순하고 선한 할미 할배가 되어가고 이젠 육십 대에 접어들었지만, 가슴만은 아직도 숨 쉬는 모양새가 어린아이 같습니다.

손주들로부터 할미 할배라는 존칭을 얻었겠지만, 동창생 모임에서는 언제나 꿈 많은 소년 소녀가 되는 것이 우리 모두의 우정을 위해서 좋겠고 또한, 젊게 사는 방식일 것입니다.

서천의 작은 분교 태월국민학교 19회 졸업생들 많은 세월이 흐른 뒤 서로가 기억한다는 것은 어렵지만 늘 서로가 잊지 않으려 했습니다.

그 속에 오십여 년 만에 만난 예쁜 손을 가진 여인이 있습니다. 이름도 예쁜 꽃님, 세월이 많이 흘렀지만, 모습도 시간이 만들어 준 자연 미인이었습니다.

마음씨야 앞에서 밝혔듯이 천성 또한 두말할 수 없는 선한 동살매댁이고요. 어찌나 손이 예쁜지 헤어질 때 두 손 꼭 잡고 기도해준 덕분에 삶 속에 돌아와 보니 복이 한가득 채워져 있었습니다.

나는 종교는 없지만, 예쁜 손으로 잡고 기도해줄 땐 그냥 하나님에 손처럼 포근하였고 가슴을 따뜻하게 데워졌습니다. 이런 것이 하나님의 은혜라 하는가 봅니다. 더불어 여행길의 편안함까지 얻었지요. 오늘 내가 하고 싶은 말은 감사 표시를 너무 늦게 해서 죄송함을 전하고자 이 글을 동창생과 그녀에게 올립니다. 꽃님 씨 정말 감사했습니다.

님의 그 예쁜 손길로 정성을 듬뿍 담아 사랑 한가득 우정 한가득 나누어 주심에, 그 손이 어찌나 예쁜지 아마 손주들도 그 손길에 착하고 예쁘게 할미를 닮아가길 기원합니다.

듬뿍 주신 음식 맛있게 잘 먹고 있습니다. 먹을 때마다 꽃님 씨에게 감사 인사를 해야지 하면서 바쁘다는 핑계로 지금껏 미루어 왔습니다.

인사 늦은 점, 정중하게 사과드립니다. 친구 중에 그런 예쁜 손을 가진 여인이 있다는 것은 나뿐만 아니라 우리 태월의 자랑이라 이렇게 SNS에 올려봅니다.

꽃님 친구 손은 참으로 곱고 따뜻했습니다.

육십 대의 입구에 서서

12월의 날씨에는 하얀 서리도 비구름도 찬바람도 여전히 어제도 오늘도 이 세상에 생명에 활력을 불어 넣어주고 있다. 특히 따스한 햇살은 노인 아이들을 밖으로 불러낸다.

오늘도 겨울답지 않은 햇살 아래 개구쟁이 아이들이 하얀 백사장 모래에서 땀을 뻘뻘 흘리면서 공을 힘차게 차면서 삶에 승부욕을 배우고 우정은 비릿한 바닷바람에 높이 솟구쳤다.

나에게도 저런 시절이 엊그제인데 발은 무디어졌고 마음만은 새털처럼 가볍다.

차고 넘치던 용기는 다 어디로 흘러 새어나갔는지 이젠 내 육체 속에서는 찾아보아도 비었을 뿐이다.

가끔 일어나는 무모한 용기는 청춘의 힘인가 아니면 늙은 육체의 반란인가.

세상은 눈에 보이는 것만큼이 아닌, 푸른 바다 세상만큼이나 속을 가늠할 수도 없었고 내 가슴으로 다 품어 볼 수 없이 넓고 깊었다.

수없이 밀려드는 넓은 바다에 물비늘 같은 일상들.

높고 낮은 파도처럼 삶에 굴곡에서 물비늘 반짝이는 추억을, 별빛에는 흰 거품 몰고 번뜩이며 해안가에 부딪혀 왔다.

더러는 하얀 백사장에 묻어두어 순수한 어린이의 소꿉놀이로 파헤쳐지고 더러는 바위에 부딪히며 속절없이 깊은 망각 속으로 가라앉아 버렸다.

아직도 끊임없이 만들어지는 잔물결 같은 나의 일상들이 어디에 스며들지 어디에 부딪혀갈지 저 먼 수평선에서부터 밀려드는 걸 알지 못하는 파도의 높이에 두려움이 앞서는 것은 바다가 차가워서가 아니라 곱고 고운 백사장에 스며들지 못함이겠지.

그저 숫자에 불과한 나이는 알지 못하는 깊은 추억들로 울창한 숲을 이루었고 그 숲을 지나온 바람은 땀 냄새가 훨훨 날아다녔다.

주름 깊이만큼 집이 커졌고 흰머리 숫자만큼 사람들과 이별을 했다. 또한, 사진 찍기를 포기하게 만들고 거울 앞에선 많은 시간을 지체시키고 있다.

이제는 아름다운 해안에도 모진 바위에도 부딪쳐 갈 힘이 모자라니 뒤에서 밀어주는 파도의 힘에 의지하여 완만한 경사의 백사장으로 스며들어 귀여운 꼬마 거북이 집을 만들 때 꿈을 키워주는 촉촉한 물 같은 인간으로 변해가야 할 나이인가 보다.

세월

그렇구나, 그 길을 따라서 떠났구나.
새 신이라도 신었으면 흔적이나 남지 한 번만이라도 뒤돌아서서 손 한번 흔들어 주었으면 미련이나 남지 않았을 텐데.
재를 넘을 땐 너의 싸늘한 그림자가 길게 뻗어 툇마루 끝에까지 왔더구나.
그렇게 네 마음을 모르겠더라.
어제란 놈도 그제란 녀석도 그렇게 그 길 따라서 정

답게 동행을 하더구나.
나를 남기고 가는 발길이 어찌 그리 가벼운지 매몰찬 너의 마음을 진즉 알았다면 웃지나 말걸 울지나 말설.

휴가

넓고 깊은 태평양 근처의 온천.

해마다 3박 4일 머무는 곳에 올해도 또 찾았다.

한 번의 휴식이 일 년을 버티는지 아니면 일 년을 기다리는 한 번의 휴식인지는 모르면서 사랑하는 가족과 함께 머물다 가는 휴식 공간이며 조용한 해변 식당 또한, 적당한 가격과 맛이 소탈하다.

휴식의 별점이 오 점 만점에 삼 점 이상은 되기에 넓게 확 트인 태평양 연안을 끼고 있는 식당에서 점심을 먹으며 행복이 무엇인지 옆에도 앞자리에도 행복한 웃음소리로 소복한 접시에 담긴 음식만큼이나 가슴에서 가슴으로 전달된다.

또한, 소곤대는 대화에서 평화가 깃들고 가족의 따뜻함이 겨울 바닷바람을 막아선다.

살아 있어 끊임없이 밀려드는 파도 소리에 잠시 이곳이 고향인지 타향인지 잊게 했지만, 작은 술집에서 흘러나오는 컨트리 음악이 미국의 어느 평화로운 해변임을 상기시킨다.

햇살에 살아 움직이는 물비늘들이 자잘하게 쪼개지면서 보석을 깔아놓은 하늘 같아 한없이 시선을 잡아, 상념을 일깨운다.

먼지 밭에서 수확하던 땀들의 열매는 입맛은 쓰지만, 욕망은 달콤했다. 그렇게 쉼 없이 달려오며 일 년 동안 삶을 지속했고 그렇게 가슴에 쌓아놓은 일 년의 재산을 넓은 어느 바닷가에서 펼쳐놓으니 별것 없다.

저 반짝이는 물비늘만큼도 눈부시지도 않고 모래밭의 알갱이 수보다 적은 그 무엇이 일 년을 삼켰는지 모른다고 한다.

가슴은 휴식도 없이 오늘도 멈추지 않고 뛰지만 컨트리 음악에 발장단 맞추는 어느 금발 처녀의 가슴과 내 가슴의 차이는 무엇이 다른 것인지.

고운 모래밭에서 파도에 꿈을 파고 파내어 추억으로 채워가는 꼬마의 가슴과는 또한 무엇이 다른지.

저무는 하루, 시간에 기대어 숙소로 발길을 돌리며 해안에 지난해의 땀 냄새를 남기고 추억 한 장을 얻어간다.

이 아침에

이름을 알 수 없는 새 한 마리가 뜨락으로 날아들었다.

콩 콩 콩 먹이를 찾아 서성거리고 작은 새만 한 꽃들을 심을 수밖에 없는 작은 정원 이름 모를 작은 새 한 마리.

날개에 아침이슬을 품곤 콩 콩 콩.

연한 꽃잎 하나 입에 물고 날아갔다가 친구와 함께 내려왔다.

열심히 아침 찾아 콩 콩 콩, 사랑 찾아 콩 콩 콩, 서로의 눈빛에서 사랑이 오고 가네.

'감사합니다. 우리 집을 찾아주어서…….'

좀 더 머물다가 가길, 밤새 추위에 몸도 많이 움츠릴 만도 한데 몹시도 가볍게 콩 콩 콩.

상쾌하고 기분마저 잡티 하나 없는 순수한 이 아침, 뜰에 내려앉은 새 한 마리와 대화를 한다.

너로 인해 행복한 아침이 나에게 콩콩 왔구나.

콩 콩 콩.

두 다리는 어찌 그리 가늘고 늘씬한지…… 경탄스럽네.

갈색 무늬 깃털의 가벼움에 몸놀림마저 한껏 멋져 보이고 보이지 않을 것 같은 눈빛에서 시선이 마주쳤다.

안전하다는 감정이 교차하니 따뜻한 사랑이 콩콩거리고 우리 집 작은 뜨락에 내려앉아, 한 쌍이 된 이름을 알 수 없는 새 두 마리.

더욱 운치 있는 자연의 신선함에 가슴 뭉클하다.

거의 한 시간의 시간이 그들에게 주어진 듯.

나 또한 그들과 대화에 깊이 빠져 시간 가는 것을 잊고 있었다.

서서히 밝아오는 싱그러운 아침 햇살. 한 쌍의 새에 따뜻함이 콩콩 전해지길 빌어본다.

컵 속의 난

삶이 비록 누추하나
부끄럽지 아니하고
가진 것 하나 빈 컵뿐이지만
젊은 초록에 꿈을 꿀 수 있구나.

하얀 컵이라 좋고 내 몸, 작아
컵인 것에 만족하고
주는 물 버릴 것 없어 행복하다.

작은 백색의 행복은

이곳저곳 빈자리에 쉽게 어울리니

나를 자주 찾는 눈길이,

따스해서 눈물겹다.

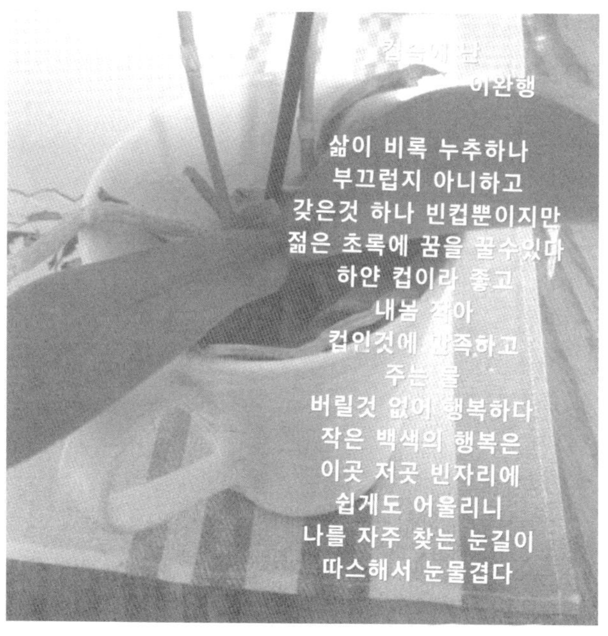

가을

바람이 붉은 물감을 실어와
세월을 물들이기에 푸른 나뭇잎 하나.
담가 보니 가을이 묻어 나왔네.
햇살에 섞인 가을이 나뭇가지마다
여름을 털어내지만
치솟아 오른 가을을
청명한 하늘이 감당이나 하려나.

그해 겨울

매년 나의 겨울은 차갑고 쓸쓸하다.

나의 기억 속, 그해 겨울도 매우 춥고 매서웠지 왜냐하면, 자식과 부모 사이 이 세상에서 몹시 중요한 육체의 인연을 끊어내려 그렇게 추위가 매서웠나 싶다.

1980년 음력 12월 5일

전날 내린 눈이 채 녹지도 않고 추위도 동네를 떠나질 않아 방안에 동네 사람들을 가두어 놓았고 저녁나절이 되면서 바람의 방황하는 걸음이 나뭇가지에 걸려 넘어지면서 애달프게 들리는 선달 밤으로 저물어가던 무렵.

나 또한 시골이라 일찍부터 찾아오는 저녁 준비시간 오후 4시경부터 5시경까지 군불을 다 때고 저녁밥까지 뜸을 들여놓고 어머님께 부엌을 인계하고 아버님의 저녁 식사를 돕기 위해 우유를 따끈하게 끓여 아버님 곁으로 다가갔다.

첫 수저는 그런대로 받아넘기셨다. 어머님은 부엌에서 저녁 밥상을 차리느라 내가 저녁 먹기 전에 아버님 저녁인 우유를 입안에 떠 넣어드려야 할 정도로 치매와 중풍이 심하셨다.

자리에 누운 채 우유로 겨우 연명하셨다. 두 번째 따뜻한 우유를 입에 넣어 드렸는데 입의 움직임이 없다. 반쯤 벌어진 입안에 우유를 넣어 드렸는데 밖으로 모두 흘러나왔다.

급하게 부엌에 계신 어머님을 찾았다. 어머님이 보시고 통곡하신다. 육 년 동안 병구완하면서 힘들다고 한 번도 입에 담지 않으셨다.

대소변을 삼 년 동안 받아내셨던 어머님의 통곡이 아버님을 잃은 자식의 슬픔보다 낭군님과의 영원한 이별이 훨씬 크기에 그 슬픔이 오목한 동네, 겨울 차디찬 냉기와 아픔이 가득하게 차고 넘치면서 내 가슴을 바늘로 찌르듯이 아파 왔다.

그 통곡은 한평생 믿음과 사랑이 무너져 어둠 속으로 사라져 가는 아픔이 곁들어 있는 소리이기에 38년이 지났지만, 아직도 생생하게 유독 춥고 삭막했던 나의 겨울로 가슴에 박혀 있다.

그 슬픔이 저만큼 비켜선 빈자리를 지키던 어머님마저 오랫동안의 이별이 아쉬웠던지 아버님 곁을 찾아가셨다.

어머님이 먼길 떠나시던 계절 또한 슬픈 하얀 겨울이었고 쓰라린 가슴에 추위가 덧씌우는 날이었다.

따뜻한 이별이란 이 세상에 애초에 존재하지 않기에 오랫동안 이별의 아픔을 느껴보라는 신의 뜻인가 싶다.

이제는 부모님의 부재로 보내야 하는 겨울이기에 어깨에 매달린 바람들이 더욱 차갑다.

38번째 아버님 기일.

기억 속 그 세월은 아득함에도 두 번의 겨울은 몹시 춥고 슬펐다.

들깨의 청춘

오늘도 가을이라 창공이 높이 날아오르는 그런 하루.

따사로운 햇살도 나뭇가지 위에 붉은빛으로 휘감고 한잎 두잎 흘려주어 곱게 물든 잎새를 길 위에 깔아놓아 늦가을 노래하니 높은 하늘이 차가워져 가는 그런 날.

들깨를 수확하니 한 해가 저물었다고 뒤뜰이 허전하다.

내 가슴을 옮겨 놓은 것처럼 뒤뜰 가득 채우던 연하고 향긋한 들깻잎 덕분에 삼겹살이 화덕에서 노릇노릇 익어가던 한여름이 저만큼 물러난 자리에 이제는 줄기만 삐죽이 나와 있어 저것이 들깨였던가 싶다.

언젠가 나의 무덤 앞, 발길을 멈추고 나를 상상하지 못하는 나그네처럼 나 또한 들깨의 청춘을 세월에 묻어버려 흔적을 찾을 수 없다.

그 어느 먼 훗날 내 무덤을 지나치는 나그네처럼. 푸른 청춘이 자연이나 인생이나 영원히 남아 있으면 좋으련만 들깨의 잔뿌리조차 내년 봄이면 아마 흔적이 없어질 것이기에 서글픔과 쓸쓸함이 한꺼번에 밀려온다.

아름답고 싱그러운 가을날에 뒤뜰 들깨의 흔적에서 지난 추억을 찾으려 고민하니 퀭한 화단 때문에 그럴 수도 있겠다.

그렇지만 생각해 보니 계절 탓이다. 의미를 변경시킨다. 조그만 뒤뜰에서 한 아름이나 되는 들깨를 베어다 버렸다. 더러는 화단에 씨를 묻어 내년을 약속하고 더러는 새들에 보시하고 있다.

수확한 뒤뜰이 매일 작은 새들이 와서 들깨의 가을을 풍요롭게 즐기고 있다.

아마 수확했으면 한 됫박은 나왔겠지만 이미 자연으로 돌아가고 싶은 들깨의 염원에 한 발짝 물러서는 것이 자연의 법칙으로 들깨의 자유를 만끽하도록 하였기에 내년에 더욱 많은 새 생명이 화단에서 들깨의 멋진 청춘을 자랑할 것이다.

그 덕분에 미안한 것은 돼지일 것이고 그리고 사람들은 그냥 즐기기만 하면 되는지……

태월의 육 년

문자가 품고 있는 뜻을 이해하고 의미를 알아 가면서 처음으로 낯선 친구들과 작지만 아름다운 추억에 싹을 틔우고 키우며 이성과 본성에 차이를 구별하게 하면서 부모님의 품을 벗어나 처음으로 낯선 환경에서 견딜 수 있는 용기를 키울 수 있게 했던 태월초등학교.

언어의 뜻과 계산의 법칙에서 세상에는 수많은 이상이 존재한다는 것을 배우면서 조금씩 자라는 육체와 사내의 기상도 함께 자랐다.

오고 가는 학교길에서 작은 돌들과 큰 바위들에 뿌려놓은 굳센 기상들의 시선이 아직도 선명하게 반사되어 오는 산길의 추억들이 살아가는 데 큰 도움이 되었고 참으로 아득한 아름다운 것들이다.

나의 추억의 그림은 육에서 삼을 뺀 삼 학년부터 조금씩 선명하여진다.

삼 학년 새봄과 함께 처음으로 맞이한 여자 선생님, 발등에 두툼했던 때와 시도 때도 없이 흐르는 코를 닦아 반지르르한 소매 때문에 이성을 좋아할 줄 알았고 '부끄럽다'라는 낱말의 의미도 경험했다.

또한, 같은 학년 이성 친구들의 앙증맞은 치맛자락에서 알 수 없는 부끄러움이 가슴에 숨어 남몰래 얼굴 붉혔지만, 나중에 육 학년, 알듯 말 듯 사랑이란 낱말에 얼굴이 뜨거웠고 가슴이 두근거렸다는 것을 알았다.

그러한 짝사랑이 학년마다 바뀌었지만 바뀌는 것에 대해 일말의 고민이나 죄의식은 없었고 새로운 짝사랑만이 작은 가슴에서 들어와 얼굴이 붉어지는 것에 대한 고민과 부끄러움이 존재할 뿐이었다.

마지막 육 학년 때 짝사랑이 아직도 선명하게 남아 그 아이는 지금 어떤 여인으로 변해 있는지 작은 궁금증만이 희미한 짝사랑을 위로한다.

작은 볼우물의 미소가 내 가슴이 뛰던 귀여운 동살매 소녀의 모습에서 몇십 년 세월로 화장한 여인의 모습이 궁금한 것은 아마도 학년마다 바뀌던 이성 친구보다 짝사랑을 더 눈뜨게 했기 때문이리라.

또한, 가끔 꺼내 보는 육 년의 세월 속에 생각나게 하는 몇 명의 친구 중에 먼저 간 친구가 있어 안타까운 것이 그 시절이 지난 후 한 번도 얼굴 한번 볼 수 없었고 그 흔한 전화번호조차 모르고 지나간 세월 속, 나의 삶이 야속하기 때문이다.

인연은 크던, 작던 소중하고 아름답기에 필연이든 우연이던 수십억 명이 엉켜 있는 지구에서 서천의 아주 작은 시골 마을에서 함께 할 수 있었던 육 년의 세월과 문자의 의미를 함께 공부했던 친구들과의 인연은 내가 끊어 낼 수 없는 이승에서의 삶에 끈들이기 때문이다.

짧아진 하루

하지로 치달리는 달력 앞에서 자꾸만 늘어나는 길고 긴 낮의 피로에 어둠을 핑계 삼아 잠시 쉬러 가는 붉게 달아오른 태양은 긴 하루를 감당하기에 버거운가 보다.

오후인지 초저녁인지 분간이 가지 않는 오후 8:00시까지 태양이 머물면서 수많은 인간의 삶을 관장해야 하기에 더욱 피곤하겠지.

청년 시절 아버님이 갑자기 큰 병을 얻어 몇 년간

시골에 천수답 몇 마지기와 산비탈의 밭 몇백 평 농사를 경작하면서 품앗이로 온 동네 농사일하던 시절이 있었다.

아침 7시쯤에 시작된 모내기며 보리타작 등 하루 일을 끝내려면 오후에는 참을 두 번이나 먹어야 했다.

해가 떨어지고도 한참을 더 있다가 어둠이 찾아들면 허기가 다시 찾아와 저녁밥을 고봉으로 먹을 정도 긴 하루였다.

시골에서의 삶이 참으로 지긋지긋하게 긴 하루라고 생각이 들 정도로 힘든 것이 농사일이기도 하다.

지금처럼 기계의 힘이 절대 부족했던 시절이었기에 젊은 청년이었던 나마저 힘겨웠는데 늙으신 부모님의 잠자리 신음이 이제야 이해가 된다.

힘겨웠던 그 시절, 삶이 그려지는 요즘이다.

아버님은 그런 힘든 노동일에 술의 힘으로 버티다 큰 병에 걸리셨고, 끝내 그 몹쓸 병마를 이기지 못하셨다. 80년 춥고 해가 짧은 정월 어느 날 이 세상 삶의 고통을 내려놓고 떠나셨다.

그처럼 하지는 농부에게는 삶의 고통이자 희망의 시작이었다.

그때의 하지가 매년 찾아오지만, 어느 순간부터인지 긴 하루라고 느껴 본 적이 있었는지 기억이 없다.

더러 빠르게 흐르는 현대문명에 현혹되었고 세월이 빠르게 흐르는 신체적 나이 때문이기도 하지만 무척 짧아진 하지가 되었다.

삼사 년 전부터 찾아온 실리콘밸리의 달아오른 경제의 활황에 힘입어 덩달아 하늘 높게 날기 위해 날개를 단 부동산 경기까지 정신없는 요즘이다.

언제부터인지 모르지만, 일주일에 토요일이 존재하는지조차 기억이 없다. 월요일 새벽 다섯 시에 일어나 저녁 9시에 잠자리에 들 때까지 일, 일, 일로 6일 동안 파묻혀 지내는 요즘 더욱 짧아지는 하지의 하루다.

세상 살면서 이곳저곳 일을 찾아. 떠돌다 보니 서울 어느 하늘 아래 일이 없어 어느 날엔 조그만 셋방에 아들딸 둘 옆에 앉혀 놓고 몇 전짜리, 가방끈을 달던 삼십 대의 어느 긴 하루도 내 삶이었다.

하지의 해가 짧아진 오늘 하루도 내 삶이다.

정년 퇴임을 몇 년 남겨 놓지 않고 이래도 되는지 모르겠지만 없는 것보다 훨씬 행복하기에 힘들고 피곤하지만, 열심히 노력하면서 하루하루 살아 낸다.

팔꿈치의 통증

숨 가쁜 삶이고 숨찬 일상이다.

더위와 긴 하루 그리고 촘촘한 스케줄에 무거워진 육체를 끌고 다니며 수많은 사건 사고와 하지의 뜨거운 태양 밑에서의 싸움이 힘에 겨운 요즘이다.

더운 여름 탓은 아니지만 언젠가부터 시작된 팔꿈치의 통증이 왔지만, 모르는 체 아니면 바쁜 일정에 느끼지 못하고 일을 해왔는지도 모르겠다.

그저 의식 없이 아픈 팔꿈치로 긴 하루를 버티어

오며 큰 문제는 없겠지, 위로하며 따가운 여름 햇살과 싸우면서도 팔꿈치 통증보다도 육체의 피로가 겹쳐 내가 일을 너무 많이 해서 그런가 싶었다.

늘 피로가 누적되어 걱정 반 염려 반이었지만 어디서 온 피곤함인지 모르고 그저 좀 잡다하고 신경질적인 일들이 겹쳐 와서 그런가 하며 차근차근 하나씩 해결하면서 피로도 가시겠지 했지만, 여전히 저녁때만 되면 녹초가 되었다.

아침 아니 새벽에 일어나 나갈 때는 말짱하다가 귀갓길에 들어서면 극에 달한 피곤함이 눈꺼풀까지 잠으로 무겁게 내리눌렀다.

그게 다 팔꿈치의 통증이라는 것을 최근에야 알게 되었다.

피로는 쓸모가 다 되어 가는 육체의 하소연이고 통증으로는 쉬어가라는 무언의 충고인 것을 끊임없이 왔다가 사라지는 육체의 온갖 통증에 즉시즉시 반응하면서 살아갈 수는 없기에 외면하였는데 이번에는 제법 심각하다.

더위와 찾아온 긴 하루에 많은 일이 더욱 팔꿈치를 괴롭히고 있다.

멀지 않은 곳에서 기다리는 영원한 안식이 있기에 이승에서의 조그만 육체의 고통쯤은 즐기며 살아야 하지 않을까 싶다가도 무거운 짐을 처리할 때의 통증이 괴롭다.

하지만 때론 육체의 고통이 있다는 것은 내가 살아 있다는 삶의 희열일지도 육체의 고민이 없었던 되돌리고픈 스무 살 무서운 것 없었고 무엇이든 이루고자 하면 다 할 것 같았던 스무 살 청춘은 아득하게 추억에 잠겼다.

세월의 바람들이 지나갈 때마다 일렁이며 향기 없는 이미지만 어른거린다.

이제는 꿈을 가꾸는 일손 짧지도 길지도 않은 세월이 지나면 거두어야 한다는 조금은 서글픈 나이에 와 있기에 지금 느끼는 통증을 견디어 낼 수 있는 현재가 내게는 아직 행복한 시간일 것이다.

내 차 키는 어디에

“어디에 있는 거야?”

오리무중인 키의 행방이 일 분 일 초가 급한 출근 시간 더욱 긴박하게 집안 분위기를 고조시킨다. 딸내미 차 키를 만든 지 일주일도 안 됐다.

“흥, 우리 집은 돈 벌어서 차 키 만드는데 다 갖다 주는구먼.”

불평인지 불만인지 헷갈린다. 두 달 전에도 중요한 서류함 키를 잊어버려 $120 딸내미 차 키 만드는

데 $300 지금 못 찾고 있는 내 키에는 이것저것 중요한 게 세 개나 달려있어서 새로 만드는데 대략 $500 근래에 잃어버린 차 키, 값이다.

어제 분명히 차 키를 갖고 집안에 들어왔다.

회사 다니며 건축업을 파트타임으로 일하다가 보니 쇼핑할 시간이 늘 촉박하여 대부분을 인터넷으로 주문해서 쓰기에 어제도 몇 가지 물건들이 도착해 주인을 기다리고 있었다.

상자 대여섯 개가 즐비하게 거실에 나열해 있으니 좁은 집이 더욱 좁아 보여 옷도 갈아입지 않고 물건 확인 작업에 들어갔다.

그런데 유리 제품이 들어 있는 상자에서 수상한 소리가 들리기에 열어보니 아니나 다를까 유리가 산산조각이 나 있었다.

배송 중에 일어난 사고이기에 물건을 확인하다가 말고 반품하랴, 창고에 운반하랴, 분주하다 보니 저를 까맣게 잊었다고 좀 서운했던 모양이다.

밤새 어느 구석에서 훌쩍이고 있는지 새벽 출근 때 찾으니 그림자도 안 보인다.

40km 출근길 중간에 사고라도 있으면 한 시간도 좋기에 언제나 이십여 분의 여유를 두고 출근하는데 키가 없어진 것이다.

신선한 새벽 공기에 분주한 마음을 섞어 놓으니 진땀 냄새가 온 집에 가득하다.

회사 출근하여 많은 인원이 일하면 한 사람이 있고 없고 표시가 없다. 그저 바로 위 보스와 동료만 알 뿐이다.

요즘 다른 곳에서 일하느라 보스와 동료들 얼굴 보기도 힘들다. 나 하나 빠졌다고 회사에서 큰일이 아니면 아무도 몰랐다.

하지만 지각은 근무 평가에 반영되고 무척 중요한 나의 업무 중 하나이기에 늦지 않으려고 보조키에 의지하여 하루를 살아야 한다.

하여튼 집 안에 있을 테니 하루가 될지 한 달이 될지 모르지만 내가 어떻게 살아가는지 궁금하면 제발로 기어 나오겠지.

어버이날쯤에서

이른 아침부터 부엌이 부산하다.

크리스마스 아침 김치 담기에 돌입했다.

겨울철 배추와 무가 최상의 품질이고 한국인에게는 그만한 반찬이 없다.

올 마지막 부부가 함께할 이틀의 시간이 주어졌으니 김치 담기에는 최적의 시간이다.

일요일, 어제 배추를 절여 놓았으니 아침에 담가야 한다며 새벽, 어둠이 채 가시기도 전부터 무 채썰기 양념장 만들기 부엌이 부산스럽기 그지없다.

동녘 붉은빛이 도시의 소음을 깨워 갈 때쯤 간단하게 아침을 먹고 따뜻한 커피 한잔을 앞에 놓으니 전날, 장 봐온 인절미가 식탁 위에 놓여 있다가 눈에 띄었다.

아내가 어머님 사진을 들고나왔다.

사진 앞에 따뜻한 물 한 컵과 인절미 몇 개를 놓고 막내며느리의 조잘조잘 살가운 어머님과의 대화가 옛 추억을 불러 모았다.

생전의 삼 년 전으로 휘몰아 갔다.

짧지 않은 세월이 흔적은 지웠지만, 가슴속에 그리운 어머님은 살아 계신다.

며느리의 그리움을 버무려 놓은 옛이야기에 어머니 앞치마에 배 있던 향기가 부엌 가득 맴돌며 더욱더 추억과 그리움을 재생하였다.

내 삶이 묻어 흐르는 세월 속에서 명절마다 꺼내 보는 부모님과의 연정에 나이가 들수록 깊이는 아득하게 깊어져 간다. 아마도 그 길은 내 자식들도 따라

가는 길일 것이다.

그 힘으로 따뜻하고 건강한 삶이 지속된다.

살아서는 자애로우셨고 경제적으로 돌봐주셨던 추억 속에서 부모님과 함께한 시간이 행복하게 다가왔다.

흐르는 세월 때문에 떠나신 부모님이지만 추억은 남겨 주셨기에 인연의 끈은 끊어지지 않고 내가 살아가는 동안 이어져 간다.

아침에 차려드린 인절미를 두어 시간 흐른 뒤에 입 안에 넣었다.

부드러움과 쫄깃한 찹쌀 맛이 입안을 가득 채운다.

다만 그것은 세월이 지난 나의 부모님은 느끼지 못하는 안타까운 맛이다.

두어 시간 지난 따뜻한 물이 식어 차갑게 느끼게 하는 죄인 것처럼 현재 제일 행복한 때라고 많은 사람은 알고 쓰고 있다.

현재에도 가끔 부모님의 기억과 함께하니 가슴이 따뜻하다.

이승에선 차가운 세상 바람을 다 막아주시고 저승

에서는 추억과 그리움을 주시는 부모님과 나눈 사랑의 시간이 내게 존재하기 때문이다.

많은 사랑과 추억을 주신 부모님과의 정감 어린 시간과 함께 배추김치의 양념 맛이 겨울 양식인 배추에서 차곡차곡 익어 갈 것이다.

평수 고민

두 번째 사춘기가 왔다. 자꾸만 넓어져 가는 평수 때문이다.

평수가 스트레스와 평행하게 점점 커진다는 게 문제다.

어릴 적 부모님의 전답에선 경계선 때문에 심심찮게 말다툼이 일어났다.

이유는 경계선인 둑을 좀 더 삽으로 파고들어 왔다고 이웃 농사꾼과 말다툼이 벌어지곤 했다.

경계선이 물과 맞닿아 늘 조금씩 늘어지기 마련이라 모내기 전 깔끔하게 논두렁 정리차 뚝 밑을 다듬는 과정이다.

이때 조금 더 파고들지 않으냐고 하지만 그렇지 않다. 이것은 정당하게 정리한 것이다. 하며 말다툼이 벌어지곤 했었다.

지금에야 기계화가 되다 보니 경계선이 넓어져 서로가 양보하면서 살겠지만, 수작업으로 전부 농사짓던 시절에는 식구는 많고 그 당시 평균 한집 가구당 아마도 6명 정도가 되지 않았나 싶다.

우리 동네에서도 최고로 많은 집은 열두 명, 작은 집은 다섯 명으로 기억하고 있다.

그러니 모, 한 포기 보리밭 한 줄이 한 푼의 돈이요, 식구들의 한 끼 식량이니 자연적으로 평수에 예민할 수밖에 없었다.

평수의 고민 중, 늘어났으면 하는 것은 지금 사는 집 평수 아니면, 채소밭이 늘어나면 얼마나 좋을까.

고민이 아닌 희망이지만 그러한 평수의 넓이가 아니라 얼굴 평수 때문에 인생의 두 번째 사춘기를 맞이한 것이다.

여드름이 인생의 첫 번째 고민이라면 자꾸만 커지는 얼굴 면적이 두 번째 고민이다.

첫 번째 고민은 이성의 고민이요, 두 번째 고민은 이성과 동성의 고민이라 좀더 큰것 같다.

친구들 모임에 넓어진 이마 보이는 게 싫으니 긴 머리로 조금이라도 얼굴을 작게 만들고 싶지만, 앞머리마저도 몸과 함께 늙어가는지 가늘어지고 갈라져서 기를 수가 없어 넓은 평야를 채우지 못한다.

내가 소유한 것 중에 유일하게 자꾸만 넓어져 가는 것에 대한 불만이다.

아마도 아랫배마저 서천 남산만 하게 불러 걸어 다니면 그것 또한 별로 내키지 않는 평수이겠지만 몸뚱이의 평수는 걱정하지 않아도 되니 천만다행이다.

어느 연배쯤 되는데 외모에 신경 쓰냐고 말하겠지

만 거울 앞이 두렵고 사진 찍기가 차가운 주삿바늘이 혈관을 파고드는 것보다 싫다.

앞으로 더욱 평수가 넓어질 텐데 근사한 모자 하나 사놔야겠다.

혹시 동창회라도 가면 멋쟁이 여자들도 있으니 말이다.

4

추억을 꺼내며

여유로운 겨울 햇살에
삶의 먼지가 쌓여 있는
추억의 조각조각들
뒤적이다 보니
가끔 있는 날선 조각들 끝에
상처 난 손
아픔을 참고
깊숙한 국민학교 조각을 찾았다

진희는 볼우물이 깊었고
혜영은 눈이 크고 예뻤다
반지르르한
코 묻은 소맷자락에
세월만 쌓여 있다
가끔 꺼내 보면 좋았을걸
너무나 많은 삶의 먼지 속이라
한낮 꿈이었나 싶다.

붉은 장미

붉은 색기로
세상을 현혹하고
은밀한 숨결
치명적인 유혹이다

초원에
뱉어내는 들숨과 날숨에는
수줍어 가슴 깊이 숨겨둔

사랑이 섞여
계절을 붉게 물들이고

바람결에 실려 오는
강렬한
세상의 질투는
가시로 막아 가슴속 깊이 감춘다

장미
발그레한 요염
내 가슴
사랑으로 출렁인다.

밤비

밤새 창문을 두드렸지만
난 냉랭하게 외면했다
온화한 집안 분위기와
맞지 않았고
곧 떠나갈
바람을 타고 온 손님이라

심하고 급하게

밤새
온 집의 창문을 두드리다가
삶이란
미련을 접었는지

그가 떠나며
남긴 상처는 깊었다

동네 개울
졸졸 흐르는 맑고 차가운 눈물에
눈이 부시게
파랗게 멍든 높은 하늘까지.

유쾌하고 힘든 여행

가을 햇살에,

단풍잎들이 붓을 들어, 노란색을 채색하니 허무감이 산들바람 타고 창공에 드높다.

고추잠자리는 달갑잖은 듯이 여기저기 옮겨 다니며 푸른 하늘의 높이를 재고 있는 가을의 초입 시월 첫째 주 금요일 샌프란시스코공항에 인디언 썸머의 더위가 반가운 손님 세 쌍을 품고 왔다.

아시아나 비행기의 분만실에서 어려운 석 달의 산

고 끝에 순산해놓았답니다.

분만실에는 퀴퀴한 북향굴, 산골 내음으로 코끝을 어디에 둬야 할지 모를 정도로 가득했고 반가움과 흥분으로 첫 분만으로 이국의 땅에 내려선 세 쌍의 부부들에게 인사조차 제대로 못 했답니다.

그날의 설렘이란 먼 이국으로 이민 생활 이십 년 외로움이 여행 내내 미소를 머금고, 다물지 못하던 입가에서 떠나질 못했으니 가히 내 생애 큰 사건이라 아니할 수 없습니다.

소년 시절 서울에서 내려온 신혼 초의 형수님을 맞는 막내 도련님의 가슴이라고 표현이라면 될는지.

석 달 전부터 일정을 조율하여 만든 미 서부 5박 6일 일정을 그들과 함께 여행의 기쁨을 가득 싣고, 12인승 승합차에 서천의 비릿한 박대 냄새로 가득 채워 산호세를 기점으로 시작된 여행길, 한가득 부푼 가슴은 설렘으로 가득합니다.

첫 여정은 미국에서 세 번째 국립공원인 요세미티

장엄한 하프돔, 바위와 폭포의 극치를 품고 있는 곳, 그러나 폭포는 간데없고 늦은 무더위가 온산을 감싸고 있어 조금 실망하는 눈치였습니다.

늦은 무더위는 몹시도 우리를 좋아하는지 다음 여정인 라스베이거스, 황량한 모하드 사막을 달리는 내내 앞서거니 뒤서거니 하면서 지루한 사막을 가로질러 장장 세 시간이 흘렀습니다.

요즘은 많이 쇠락한 카지노 산업의 메카였던 도박장에 입성한 남자들은, 환상적인 여인의 자태에 설레고 여자들은 로맨틱한 조명 흔들림에 마음을 내려놓습니다.

다음 여정인 부라이스캐니언의 못 이룬 자연의 황홀함에 마음껏 눈길을 주었습니다.

지루하고, 넓고 넓은 미국 땅에서 마음을 주기에는 매우 짧은 시간이지만, 자이언캐니언의 또 다른 매력은 길고 긴 여정의 지친 몸에 활기를 주기에 충분했습니다.

긴 세월을 견디며 만들어진 자연의 신비를 읽어내고 내 가슴을 열어 눈길까지 주기에는 짧은 시간이지만, 최고의 여행이라 할 수 있는 그랜드캐니언의 헬리콥터 투어는 웅장함과 자연의 신비라는 것을.

한국에서 온 친구들, 아내들 마음을 빼앗는 데 아무런 조건이 더할 것도 뺄 것도 없었답니다.

그동안 다른 캐니언에서 그런대로 하던 친구들에게서 진심이 우러나는 마음으로 '내 생전 가장 멋진 여행'이라는 말을 들었으니까요.

신비함과 웅장함을 뒤로하고 인간에 오락성의 극치라고 하기에는 조금 무리라고 할 수도 있겠지만, 매번 갈 때마다 또 가고 싶은 유니버설 스튜디오는 조금 무리인 줄 알지만, 이번에 경험하지 못하면, 절대 할 수 없는 색다른 경험을 하고자 무리해서 끼워 넣어 웃음 반, 두려움 반의 가슴을 그녀들에게 선사하고 나니 마음이 뿌듯했습니다.

고맙다는 인사를 받았고 최고의 절정은 엘에이 한인타운에서 스시를 나의 친구들에게 선사한 미국 친구의 별미 체험에서 정말 감사하다는 고향 친구들의 마음을 전달받았을 때 정말 감동이었습니다.

북항굴 고향 친구들과 요세미티 공원에서

또 다른 체험은 서부의 체인점 '인 앤 아웃 햄버거' 체험과 여행의 마지막 코스인 쇼핑까지 무사히 마치고 공항 인사에서 이별의 슬픔을 감추고자 하였으나 눈가에 흐르는 정을 어쩌지 못했습니다.

이월

새해하고 발음이 끝나기도 전에 마음 바쁘게 삶을 따라가다 보니 이월이다.

아직은 차가움이 지배하는 시간이지만, 자연은 이치에 맞게 순환되고 있다.

냉기가 움켜쥔 날씨에도 꽃은 피워 내고 세상은 아무도 모르게 시간의 톱니바퀴에 맞춰 가고 있다.

양지에서는 매화가 연분홍 치장을 끝내고 기다리며 달래, 냉이 또한 향기를 마음껏 퍼트릴 들녘에도 이월은 시작되었다.

풋풋한 초록으로 추운 겨울을 이겨낸 보리밭은 이월에 나서는 아버님의 발걸음 소리에 기지개를 켠다.

햇살에 감추진 봄이 수많은 삶이 어우러진 대지를 흔드는 이월.

가정의 따뜻한 정이 필요한 구정이 앞에서 기다리고 있다.

양가 부모님 중, 유일하게 살아계신 장모님.

얼마나 삶을 지탱하실지 팔십 중반의 몸 또한 거동이 자유롭지 못하다.

멀리 있는 탓에 이웃만도 못한 자식이다.

생각만 하면 무엇할 것인가.

사람은 서로의 따뜻한 사랑을 품은 접촉이 필요하고 노인 최대의 병마는 고독이라는 것만 알고 있는 불효자일 뿐이다.

부모님의 자식을 향한 그리움의 발끝에도 못 미치는 불효자가 설을 앞두고 돌아가신 부모님에게는 그리움을, 생존해 계신 장모님에게는 먼 이국에서 가느다란 선으로 안부를 전했다. 부모님께 전한 그리움과 안부보다 더 크고 따뜻한 부모님의 사랑과 그리움이 가슴에 밀려드는 이월 초하루다.

커피

조그만
하얀 호숫가에 앉아
깊이를 알 수 없는
검은 미지의 가슴속
사랑을
더듬어 본다

하나,

그 작은 미지의 세계는
하얀 김을 피워
그리움으로 시야를 가린다

쓴맛을 입술에 묻혀
임을 불러보지만
하얀 배색의
작은 호수는
백팔 가지
그리움만 하얗게 피워 내니
사랑이란
검고 씁쓸한가 보다.

새해 앞에서

겨울답게 연일 서리가 지붕을(지붕 위에만 내림) 하얗게 떨게 하는 연말.

곱던 단풍의 자태를 다 떨어내고 앙상한 나뭇가지마다 다음 계절을 준비하는 새로운 삶이 세상을 뒤덮은 냉기에 움츠려 있지만, 하루하루 지나는 시간을 계산하면서 기지개 켤 준비를 하고 있다.

12월 초에 내린 비로 제법 산과 들이 연초록으로 물들어 자연의 순환은 인간의 심성과 별다르게 계절을 움직여 가며 신에게 순종하는 법을 인간에게 가르쳐 주고 있다.

하지만 모든 것들이 새로 시작되어야 하는 새해를 앞두고 두려움과 추위가 앞서는 것은 왜일까?

부푼 꿈을 품어야 할 한 해의 끝자락에서 바라본 새해는 짙은 안갯속같이 보이지 않는 바이러스가 온 세상으로 번져 가고 그 싸움은 멀고도 긴 여정의 끝이 보이지 않기 때문일 것이다.

극성스러운 코로나 19는 문명과 의학의 발달로 해결할 것이라고 확신이 들지만, 아직도 인간의 힘으로 해결하지 못하는 많은 것들이 더러는 불안한 미래의 틈새로 스며 나와 인간들을 위협하고 생명을 빼앗아 가고 있다.

지금 눈앞에 서서 기다리는 365일이 어쩌면 다 채우지 못할 수도 있다는 불안감을 나만 느끼는 것일까?

경제적인 손해를 입었지만, 그나마 남아 있는 여력으로 버티어 왔던 지난 세월을 뒤로하고 경제와 전염병의 깊고 깊은 보이지 않는 터널의 입구에서 기다리는 새해다.

서로가 대면하면서 마지막 가는 해의 아쉬움을 해소하고 새로운 일 년의 계획을 세웠다.

살아온 지난 세월이 추억으로만 남아 있을 것인지 아니면 낯선 세상으로 변할지는 그 아무도 모르는 새해이다.

'복 많이 받으세요' 보다는 '새해 더욱 건강하라'라는 인사가 더욱 뜻깊은 새해 인사로 좋을 것 같다.

라면

어둠에 짓눌려 눈을 뜨니 새벽 다섯 시 늘 일어나는 시간이다.

일요일이지만 그 시간이면 습관적으로 몸을 깨웠다.

옆자리가 비어있다.

늘 함께하던 아내가 2박 3일 연수를 받고자 여행 중이다.

잠을 청해 보지만, 습관은 이미 내 육체를 지배하

였다.

컴퓨터에 눈을 돌려 일상적으로 보는 지방 뉴스, 다음으로 월드 뉴스, 한국 뉴스까지 대충 보고 나니 두어 시간이 지났다.

육체에서는 에너지가 필요한가 보다. 하기야 5시 10분쯤에 아침 식사를 했으니 늦은 식사에 자연 몸이 부엌으로 향했다.

출장 가면서 국을 2박 3일 동안 먹으라고 준비해 놓으면서 상하지 않게 이삼일 먹으려면 팔팔 끓이라고 하면서 갔다.

그런데 큰 그릇에 거의 삼 분의 이가 차 있어 서류 정리한답시고 한눈팔다 못 먹을 정도로 졸여 놓았다.

저녁에 국을 버렸고 김치냉장고를 열었다.

아내의 부지런한 손길에 김치가 가득하다. 묵은지, 햇김치, 깍두기, 파김치, 오이소박이까지.

나이 탓인지 아침부터 찬 음식에 선뜻 손이 가지 않는다.

다음 냉장고를 열었다. 상추와 달걀, 풋고추 등 요리 안 된 것들이 먹을 테면 어디 먹어 보란 듯이 싱싱

하게 쏘아붙이고 있었다.

'흥! 네까짓 것들, 아니더라도 얼마든지 있지.' 다음 냉동칸을 열면서 기대치를 높였다.

삼겹살과 쇠고기가 '어디 감히 넘보냐'며 서릿발 같은 눈빛으로 째려본다.

깜짝 놀라 '여긴 아닌데' 하며 얼른 김치냉장고로 다시 갔다. 아래위로 서너 차례 오르내리며 집어낸 것은 열무김치였다.

김치 한 그릇에 밥 한 그릇이 놓인 상에 앉으니 차마 입에 넣기가 부끄럽다.

그러나 부엌은 풍요로웠다.

다섯 개 든 빨간 라면 봉지가 산타할아버지처럼 반가웠다. 이런 횡재를 다 하다니 가슴이 두근거렸다.

얼른 냄비에 물을 부어 끓이다 보니 옆에 마른 빨간 새우 봉지가 눈에 들어왔다.

'WOW! 저걸 넣으면 새우라면!'

한두 마리 넣다 말고 한 줌으로 키웠다.

'새우 향기에 새우 맛이라 야, 라면 회사들 머리도 참 나쁘다. 왜 수프에 이런 마른 새우를 빼놓고 만들

지 감히 일류 요리사 흉내를 내보지만, 다 된 라면 요리에서는 새우 향도 새우 맛도 나지 않았다. 왜?'

하지만 그게 대수냐, 영양 가치만 있으면 아침 식사로 땡이지 뭐.

아침 식사에 새우라면으로 겨우 끝내고 시계를 보니 아홉 시 반,

크, 참 시간 한번 빠르다 싶다.

그래도 일요일 아침 시간은 귀중하기에 커피와 화장실을 한꺼번에 해결하니 삼십 분 만에 끝냈다.

하지만 점심이 코앞에 와있다. 이런 제길……

다시 한번 하얀 커피잔에 검은 커피를 채우며 내 속이나 내 속이나 다를 바 없구나.

덕분에 아내의 빈자리 값을 계산해 본다.

홍어 회무침

오늘 아침도 상쾌한 공기에 섞인 햇살이 눈이 부시다.

신의 축복을 받은 캘리포니아 날씨의 80퍼센트가 오늘 같은 날씨다.

우울할 때 밖으로 나오면 온화하고 화창하게 빛나는 햇볕 때문에 우울했던 기분이 높고 푸른 하늘로 올라가 흔적도 없이 사라진다.

너무나 아름다운 날씨와 어우러진 바닷가의 환상

적인 경치 또한 이루 말할 수 없이 축복 그 자체이다.

경제도 날씨 그리고 아름다운 환경까지 만든 천국 같은 캘리포니아에 산다는 것은, 신의 축복으로 생각하지 않을 수가 없다.

인생은

아무리 좋은 환경에서도 세월은 흐르고 새로운 삶이 탄생하면 선을 지우듯이 한편에서는 지워져 가는 것이 인생이다.

한 달 동안 끊임없이 이어지는 힘든 일상을 뒤로하고 연휴를 맞이했다.

물론 오십 대 노동의 강도를 따라갈 수는 없지만 그래도 최선을 다해 일을 줄여나가다 보니 큰 탈 없이 목적지가 가까워지고 있다.

코로나 19로 낯선 세상이지만, 평소와 같은 일상으로 살아갈 수 있었던 것은 그동안 터득한 생활의 지혜였을 것이다.

이제 신체적으로는 사회에서 요구하는 속도에 따라가기 어렵겠지만, 그래도 즐겁고 성실하게 살아야겠다.

요즘 아침 5시부터 이어지는 강도 높은 일상으로 피로가 많이 쌓여 입맛까지 잃었다.

코로나 19로 인해 집에 머무는 시간이 길어진 아내가 걱정하며 이것저것 끼니때마다 열심히 준비하지만, 신체적으로 짧아진 입맛을 감당하기 어려울 것이다.

오늘 또한 심혈을 기울인 새콤한 별미 홍어 무침이 식탁에 올라왔는데, 하지만 조그만 공깃밥마저 삼분지 일을 남기는 일상이 되어 버린 세월 속에 서 있다.

늘 새로운 반찬에 신경 쓰는 아내에게 미안하지만, 신체적으로 줄어드는 식사량을 어쩔 수 없다.

이제는 하지의 긴 낮을 견뎌낸 열정도 긴 밤, 단잠을 잘 수 없을뿐더러 세월 따라 입맛 또한, 짧아졌다.

오늘 아침

반짝이는 아름다운
별들의
꿈을 수확하느라
흘린 땀들이
풀잎에
영롱하게 맺힐 즈음
귀향하는
내 영혼

무거운 짐 가득 지고 온
그 꿈을
반의 반도
받아 줄 공간을
육체는
점점 잃어가는
세월 속
어느 아침이다.

출근길에서

4시 45분
어둠을 헤집고 나선 발길

낯선 이웃
계획된 인조물에 걸려 넘어져 상처 입은 바람
살을 더듬는 손매가 날카롭고 사납다

아슬아슬하게

지켜낸 삶에서
채워도 채워도 채워지지 않는
그 무엇

들녘의 풍요로움을 싣고
붉은 석양을 싫어진
아버지의 거친 숨을
식혀 주던 그 바람이
내가 안주한
이 도시에는
왜 없는 걸까?

봄

꽃들이 곱고 여린 입술로
따뜻한 햇볕을 물고 유혹하는 봄
계곡 속 삶을 일깨우고 들녘에 날아든 봄
싱그럽고 비단 같은 초원을 그리는 마법을 부리며
빈 밭에 뿌려진 봄은 머지않아 싹을 키우며
농부의 따뜻한 품속에서
풍요로운 가을이 되어 돌아올 것이다.
파도 높이로 이야기를 전하는 바닷가에서

통통하게 살 오른
조개들 사랑 고백을 백사장에 깊이 묻어
추억을 키워 내고
이별의 아픔은 거품으로 지워 주는 봄 속에서…….

나는 오늘

코로나 19의 반란으로 많은 상처를 입었지만
따뜻한 햇살에
몇십 번째 봄은 어김없이 코와 입과 눈을 통해
몸 전체로 번져 왔다.

겨우내 어깨를 괴롭게 하던 추위가
그림자도 없이 지워준 봄 그리고
백신의 믿음으로 한결 가벼워진 몸과 마음으로

삶의 영역을 높게 설정하고
고추 3, 고구마 1, 머위 나물 여남은 개, 사과나무 1
그리고 아직은 연약한 들깨 싹들이
여기저기 빈 곳을 골라
자기 영역과 유전자 보존을 위해
열심히 자신을 키워 갈 수 있도록
손끝에 따뜻한 봄을 묻혀
작은 화단의 부드러운 흙을 뒤적여 본다.

삶의 피로

늦은 어둠이
더듬거리는 햇살에
자리를 내어주느라 분주한 아침

밤새 별 밭에서
꿈을 찾아
헤매던 영혼
육신으로 되돌아오니

삶을 지탱하는 육체는
영혼을 담기엔
이제는 버거운가 보다
맑은 새벽 공기조차
숨이 차오니

긴 숨으로 어둠을 젖히며
돌아온 영혼을 위해
육신의 비명을 가슴에 숨긴다.

삶의 무게

계속되는 불행은 없어도 한꺼번에는 찾아오는 모양이다.

이 세상에서 고통 없는 삶은 없다지만, 지친 삶의 무게를 사람들은 얼마나 견디면서 살아야 하는지 신에게 묻고 싶다.

기분 좋은 금요일 퇴근 후 비즈니스 문제로 방문한 어느 지역에 갔다가 우연이 동네 공원에서 감원으로 회사를 떠났던 직장 동료를 만났다.

언제나 누구에게나 상냥하고 밝게 웃음을 주던 여인이었다.

그녀는 삶의 무게가 얹어지기 시작한 것은 아마도 일 년 전쯤부터일 것이다.

얼굴에서 미소가 사라지기 시작했다. 첫 번째 이유는 아들의 큰 교통사고로, 아들은 아직도 병상에 누워 있다고 했으며, 두 번째는 회사 감원으로, 세 번째는 바다낚시 갔던 남편의 행방불명으로 그녀는 감당할 수 없는 무게를 견디며 살아가게 되었다.

세상의 고통과는 별개로 화창한 금요일 오후 회사를 떠난 지, 석 달여 만에 동네 공원에서 힘없이 걷고 있는 그녀를 만나게 되었다.

그녀는 삶의 무게를 견디기 힘들었는지 모습이 많이 변해 있었다.

밝았던 얼굴에는 슬픔과 지친 흔적이 묻어나 보였고 뒤로 질끈 묶은 긴 머리에는 궁핍함이 어깨에 매달려 있어 보는 이의 눈시울을 뜨겁게 했다.

잠시 가던 길을 멈추고 그녀를 불러 세웠다.

뜻밖의 만남에 반갑게 맞아주는 미소는 금세 사라

졌고 오후 햇살은 빛났지만, 삶의 무게로 지친 모습에는 그늘이 짙게 드리워졌다.

일 월 말이면 꽃이 피기 시작하는 이곳의 햇살은 운동하기 좋은 포근함이 곁들어 있어 그녀도 세상을 잠시라도 잊고자 걷는 중이라고 했다.

위로 겸 내가 알고 있는 회사에 취직시켜 줄까 하여, 지쳐 있는 그녀의 마음을 떠보았지만, 직업 전선에 나갈 기력을 회복 중이라고 했다.

그녀의 목소리는 힘이 없어 수 뱉지 못하고 목에 걸린 대답이 가슴으로 파고들지 못하고 귓가만 스치고 지나갔다.

삼십여 분의 데이트가 힘들어하는 것 같아서 세상에서 제일 작은 지갑에서 제일 작은 정성을 담아 그녀에게 건네면서 집 근처이니 먼저 가라고 했다.

가녀린 몸으로 홀로 세상에 남겨진 모습이 눈에 아른거려 안타깝고 미안해서……

지속되는 불행은 없다지만 한꺼번에 찾아든 삶의 무게를 견디며 걸어가는 그녀의 뒷모습이 애잔한 아픔이 되어 날카롭게 가슴을 찌른다.

바쁜 하루의 일지

춥고 힘들던 시간, 따뜻하고 청명했던 시간이 교차하면서 아름답게 수놓았던 어제와 같은 오늘이 기억 속으로 하나둘 쌓여 간다.

이제는

힘든 고통도 견딜 만하던 현실은 지워지고 힘겨운 눈물이 동행하는 요즈음이다.

따뜻하고 고운 날에는 졸음이 곁들어 있어 청명하

고 높은 하늘을 볼 수가 없다.

육체 변곡점의 미래는 초라하고 볼품이 없다.

점점 삶의 아름다움을 잃고 하나둘씩 쓰러져 가는 친구들 모습에선 이승에 대한 미련이 커져만 간다.

오늘도 맑고 쾌청했다.

오월을 지나온

바람은 나무 잎새의 진한 청색을 품고 적당히 다가와 가슴을 시원하게 식혀 주었다.

이승의 세계는 오늘도 아름답고, 노동의 대가가 지급되는 현장이 있으니, 가슴으로 느끼는 만족도는 이 도시의 평균 행복 지수보다 조금 높은 하루였다.

하지만

노동의 세기는 평상시보다 약했지만, 육체에 주는 통증은 십여 년 전보다 크게 다가오며 삶의 의미를 궁금하게 했다.

이승의 세계는 내게는 꿈속인지 현실인지…….

아득한 어린 시절 엄니 품속에서 느꼈던 따뜻한 향기의 행복이 아직도 생생하다.

현실 같기도 하지만 지나온 육십여 년이 사라지는

동안 뭘 했는지 손안의 텅 빈 허전함이 꿈속 같기도 하다.

하루의 끝에 밀려온 어둠 때문에 자리에 누우니 종아리에 통증을 동반한 저림이 찾아왔다.

이승에서의 휴식도 처절하게 만든 하루였다.